UNGARN
Donau
Pecs
Tompa
Arad
Subotica
Theiß
RUMÄNIEN
Drau
Lenauheim
Temesvar
KROATIEN
WOJWODINA
Vukovar
Novi Sad
Save
Brčko
Belgrad
Naidas
Bijeljina
Liubcova
Turnu Severin
Bosna
Drina
BOSNIEN-
HERZEGOWINA
JUGOSLAWIEN
Widin
Donau
Sarajevo
Goražde
Morava
KROATIEN
SERBIEN
Mostar
Neretwa
Niš
Kalotin
MONTENEGRO
Sofia
BULGARIEN
Peć
Priština
Prevlaka
Kotor
KOSOVO
Prizren
Bražda
Shkoder
Kukes
Skopje
Ulcinj
ALBANIEN
MAZEDONIEN
„Serbische Republik"
Bosnisch-kroatische Föderation

Thomas Götz ■ Marco Longari

Nachbarn des Krieges

THOMAS GÖTZ ■ MARCO LONGARI

NACHBARN DES KRIEGES

MIT EINEM ESSAY VON ALEXANDER ORSSICH

Kinder in Lenauheim – der rumänische Ort ist ein Sinnbild für das Ende jahrhundertealter Kulturmischung: Die Banater Schwaben haben fast geschlossen das Dorf verlassen

INHALT

VORWORT

Die Entscheidung, eine Reportagenserie zum Thema Kosovo-Krieg als Text-Bild-Band auszubauen, fiel, wie in einer Tageszeitung üblich, von einem Tag auf den anderen. Dass der Verlag Styria sich auf das Abenteuer eingelassen hat, die Produktionszyklen einer Tageszeitung und die eines Buchverlages zu synchronisieren, war Grundvoraussetzung für das Zustandekommen dieses Buches. Wir haben dafür zu danken.

Die Designvorgaben für diesen Band stammen von Lukas Kircher. Der Grafiker mit Kärntner und Wiener Wurzeln, der beim „Stern" in Hamburg arbeitet, hat dieses Buch mit einer Eleganz versehen, die nie in die Gefahr kommt, das Leid, von dem es handelt, missbräuchlich zu „ästhetisieren". Die distanziert-elegante Ästhetik des Bandes korrespondiert perfekt mit den Aufnahmen, die der römische Fotograf Marco Longari von der Balkan-Reise mitgebracht hat, die er gemeinsam mit Thomas Götz, dem Rom-Korrespondenten der „Kleinen Zeitung", unternommen hat. Diese Bilder sind von einer Distanz gekennzeichnet, die den Menschen, die da in ihrem Elend, in ihrer Verzweiflung, in ihrer Perspektivenlosigkeit aufgenommen wurden, ihre Würde lässt. In den Reportagen von Thomas Götz finden sich diese Würde, dieser Respekt in einer Zurückhaltung wieder, die doch nichts verschweigt.

Durch und durch europäisch ist dieses Buch auch und gerade deshalb, weil es ohne die große Geste, von der heutige Mitteleuropa-Diskussionen geprägt sind, auskommt. Wer die Puzzle-Teile der Analyse von Alexander Orssich, dem Balkan-Korrespondenten der „Kleinen Zeitung", und der Reportagen von Longari und Götz zusammenfügt, steht vor einem zeitgenössischen Bild vom Südostrand Europas. Da Konkretes wiedergebend, dort Abstraktes streifend, gibt es Auskunft über den auf den ersten Blick nicht ermutigenden Stand der Dinge. Auf den zweiten Blick sagt dieses Bild aber: Mitteleuropa existiert, es muss nur neu entdeckt werden. Der vorliegende Band möchte bei der Wiederentdeckung behilflich sein.

Michael Fleischhacker
Stv. Chefredakteur, „Kleine Zeitung"

Don Giovanni & der Mufti

Pünktlich um ein Uhr Mittag beugen sich ein paar Dutzend Männer vor der Gebetsnische der lichtdurchfluteten Moschee von Shkoder. Das Mittagsgebet im größten muslimischen Gotteshaus der nordalbanischen Stadt leitet Faik Hoxha, der Mufti. Es sind alte Männer da mit ihren weißen Filzhüten und ganz junge mit amerikanischen Insignien auf ihren Windjacken. Mit schaufelnder Handbewegung werfen die Beter alle weltlichen Sorgen hinter ihren Rücken. Wenn die Hände, die Ohren streifend, wieder vorne herabsinken, gilt das als Zeichen ihrer Hingebung an Allah.

Die Moschee von Shkoder ist erst wenige Jahre alt. Gestiftet hat sie ein Mäzen aus Saudiarabien, aber auch Albaner haben gespendet. „Früher hatte Shkoder 36 Moscheen", erzählt Faik Hoxha in seinem nahegelegenen Büro. Wo jetzt das verlotterte Amtsgebäude aus den Tagen der KP-Herrschaft steht, ragte einst auch ein Minarett auf, erinnert sich der Mufti vor einem dunklen Wandteppich mit dem Bild der Kaaba. Die Moschee wurde zerstört wie 35 weitere, nur eine blieb erhalten in der ganzen Stadt. In den Jahren seit dem Ende der Diktatur aber hat die Gemeinde nicht geschlafen. Neun neue Gotteshäuser wurden inzwischen eröffnet. „Am Freitag sind sie voll", behauptet der Mufti, der 23 Jahre seines Lebens hinter Gittern verbracht hat, gemeinsam mit katholischen Priestern und orthodoxen Popen. „Nur die mittlere Generation fehlt", hat Faik Hoxha beobachtet. „Die hat die Kommunismus-Psychose."

Nur einen Häuserblock neben der großen Moschee erhebt sich die Kathedrale der Stadt. Der Bau aus dem vergangenen Jahrhundert hatte unter den Kommunisten als Sportpalast gedient. Nun erfüllt er wieder seinen ursprünglichen Zweck. Die Gläubigen füllen alle vier Bankreihen des breiten Schiffs, auch wenn es nicht Sonntag ist. Ein Fest zu Ehren des Heiligen Antonius von Padua, der in Albanien besondere Verehrung genießt, zieht die Menschen in die Kirche.

Auf dem muslimischen Friedhof von Shkoder

Für die Katholiken ist Shkoder das geistliche Zentrum – „unser Vatikan“, sagt ein junger Katholik vor dem frisch renovierten Gotteshaus. Hier steht ihr Seminar, in dem heute wieder 40 Priesterkandidaten ausgebildet werden, hier residiert auch der für Nordalbanien verantwortliche Bischof. „Derzeit ist fast der ganze Klerus italienisch“, erzählt Don Giovanni Fiocchi, der seit vier Monaten in Shkoder lebt und für die Caritas arbeitet. Auch der Bischof kommt aus Italien, aus einem der Albaner-Dörfer, die jenseits der Adria seit über 500 Jahren Kultur und Sprache ihrer einstigen Heimat pflegen. Als die Türken im 15. Jahrhundert ihr Land besetzt hatten, waren die Christen entweder ins Ausland oder in die Berge geflohen.

Dass viele von diesen Berg-Albanern nach dem Scheitern des Regimes ihre kargen Äcker verließen und in die Stadt zogen, verschob die Bevölkerungszusammensetzung der Stadt zugunsten der Katholiken. Lebten hier noch 1990 rund 50.000 Muslime mit 10.000 Katholiken mehr oder weniger einträchtig zusammen, so schätzt Don Giovanni Fiocchi das Verhältnis der auf rund 110.000 Einwohner angeschwollenen Stadt auf 6:5 zugunsten der Christen. Genaue Zahlen gibt es nicht – „die Bevölkerungsstatistik ist albanisch“, meint der Geistliche zur Erklärung.

Für den Mufti ist die Mehrheit der Stadtbewohner nach wie vor muslimisch. Das Verhältnis mit den Katholiken nennt er unumwunden „hervorragend“, und das, obwohl er den Kampf um das Kosovo als Religionskrieg versteht. „Das ist ein Krieg gegen den Islam und zusätzlich eine ethnische Säuberung“, sagt Faik Hoxha. „Damit trifft Milošević zwei Fliegen auf einen Schlag.“ Sein Vorwurf trifft die orthodoxe Kirche Serbiens, nicht die Christen in Shkoder: „Mit dem Einfluß, den die Orthodoxie in Serbien hat, hätte sie viel mehr machen können“, meint er und weist darauf hin, dass serbisch-nationalistische Demonstranten Kreuze vor sich hertragen.

Vom „guten Verhältnis“ sprechen auch die Katholiken, wenn auch mit Schattierungen. „Auf höchster Ebene gibt es gute Beziehungen, unter den Leuten Misstrauen“, differenziert Pater Fiocchi. „Die Kommunisten haben versucht, die Bevölkerung in den neuen Wohnsiedlungen zu mischen. Kaum war der Kommunismus gefallen, haben sie sich wieder entmischt.“

Das „Misstrauen“, von dem Don Giovanni spricht, herrscht schon im Vorhof der Caritas. Dort sitzt Nikolin Zefi und wartet auf einen Freund, der hier arbeitet. „Es wäre besser, das Kosovo käme nie mit Albanien zusammen“, sagt Nikolin. Er fürchtet, die Christen könnten wieder in die Position einer geächteten Minderheit geraten. Nikolin hat auch Flüchtlinge im Haus, zwölf. Aber er verlangt eine Monatsmiete von 300 Mark, und einige hat er auch schon hinausgeworfen. Die hätten Unmögliches verlangt von ihm: Er sollte das Kreuz und das Bild der Gottesmutter abmontieren, erzählt er entsetzt. „Unter diesem Zeichen wurden wir vertrieben“, erklärten die Kosovo-Albaner ihre Bitte. Wegen dieses Zeichens wurde auch Nikolins Familie verfolgt. Das Kreuz blieb.

Doch die Kosovo-Albaner sind auch bei ihren Glaubensbrüdern nicht nur willkommen. Erwin, der uns darauf hinweist, dass sein Name auf den deutschen Weltkriegsgeneral Rommel, den „Wüstenfuchs“, zurückgeht,

„UÇK Sieger" hat jemand lang vor dem Ende des Bombenkrieges hinter dem Schuhputzer auf die Rollläden eines Geschäfts im Zentrum Shkoders gesprayt. Im Hintergrund sieht man die neue Moschee der Stadt

In einer aufgelassenen Tabakfabrik am Rande von Shkoder hat die Gemeinde etwa 4000 Flüchtlinge in solchen Wohnkoben untergebracht, anfangs ohne sanitäre Einrichtungen

verbirgt seine Vorbehalte schlecht. „Da sind ja wieder die Kosovari mit ihren Handys", sagt er spöttisch angesichts einer Gruppe Vertriebener auf dem Hauptplatz der Stadt. Er verabsäumt nie, auf die Armut Shkoders hinzuweisen und sie der großzügigeren Lebensart der Nachbarn aus dem Kosovo entgegenzuhalten. Die ist ihm verdächtig – und das nicht nur aus Neid. Die Kosovaren sind „furbi", sagt er in fließendem Italienisch, das heißt so viel wie gerissen. Die Albaner hingegen wären ehrlich. „Ein Wort gilt bei uns."

Erwin ist Derwisch. Wenn er nicht in der nahe gelegenen Tabakfabrik arbeitet, trifft er sich mit seinen Glaubensbrüdern im Begegnungsort der Derwische, der „Teqja Rifaive". Seit sechs Jahren ist das Haus wieder geöffnet, während des Kommunismus war das niedrige, eher unscheinbare Eckhaus der muslimischen Sekte beschlagnahmt und zu Wohnungen umfunktioniert worden. Nun folgen wieder rund 300 junge Männer bedingungslos ihrem geistlichen Vater, den sie Sheik nennen. Der Vater des gegenwärtigen Sheik war der Gründer der Teqja Rifaive. Er hieß Ali Kruja und sein Sarg steht im Vorzimmer des Hauses. Erwin küsst den Sarkophag rituell, ehe er barfuß eintritt. Der nächste Raum ist tapeziert mit Fotos, Beweisen für die Großtaten der Derwische, von denen der 23-jährige Muslim schon den ganzen Tag geschwärmt hatte. In Gottes Namen durchbohren die jungen Mitglieder der Sekte mit spitzen Eisen Wange oder Oberschenkel, bis der Spieß am anderen Ende wieder austritt. Dazu lächeln sie. Manchmal erhitzen sie Eisenstücke, bis sie glühen, dann drücken sie das Folterwerkzeug auf ihre Zunge, ohne Schmerz zu empfinden. Oder sie tanzen bis zur Ekstase die Tänze der Derwische.

Am anderen Ende der Stadt liegt die aufgelassene Tabakfabrik, ein weitläufiger, verfallender Ziegelbau. 4000 vertriebene Kosovo-Albaner hausen hier. Zwei albanische Polizisten, bewaffnet mit uralten Kalaschnikows, streifen gelangweilt zwischen den lethargischen Flüchtlingen über den Hof. Zwei Eisverkäufer konkurrieren um die Gunst der Kinder. An der ehemaligen Verladerampe steht ein Dutzend Frauen mit gekrümmten Rücken und füllt Wasser in Fanta-Flaschen. Im nahen Flüchtlingslager der Österreicher ist das nicht entkeimte Nass von hier begehrt. Es schmeckt nicht nach Chlor. Die Hallen, wo einst Tabak getrocknet und verarbeitet wurde, sind mit Holzlatten in Koben unterteilt. Plastikplanen schirmen die Wohneinheiten vom Gang ab, Matratzen decken den Boden. Zu mehr reichten die Mittel der Stadt nicht, „Albanien ist ein armes Land", sagt der einheimische Leiter des Lagers. Internationale Hilfe kam hier spät und spärlich hin. Wenigstens Latrinen gibt es inzwischen, dennoch liegt ein süßlicher Gestank in den Stiegenhäusern.

Fährt man die Ausfallsstraße weiter, kommt man zur Schule 8, „Golem". Die Hälfte ist bereits schön ausgebaut, der zweite Bauteil ziemlich ruinös. Die Baugelder kamen aus Österreich, erzählt Direktor Izet Kalaci dankbar. Er hofft, dass die Zuwendungen für seine 350 Schützlinge jetzt nicht abreißen, jetzt, wo er auch noch die Kosovo-Kinder aufnehmen muss. 30 Vertriebene hat er in die Klassen integriert oder zumindest aufgenommen: „Viele sind traumatisiert von der Vertreibung, sie haben Schwierigkeiten mit unserer etwas anderen Sprache und den anderen Unterrichtsmethoden", erzählt eine der 15 Lehrerinnen und

Zwei Eisverkäufer konkurrieren um die spärliche Kundschaft unter den Kindern der Flüchtlinge

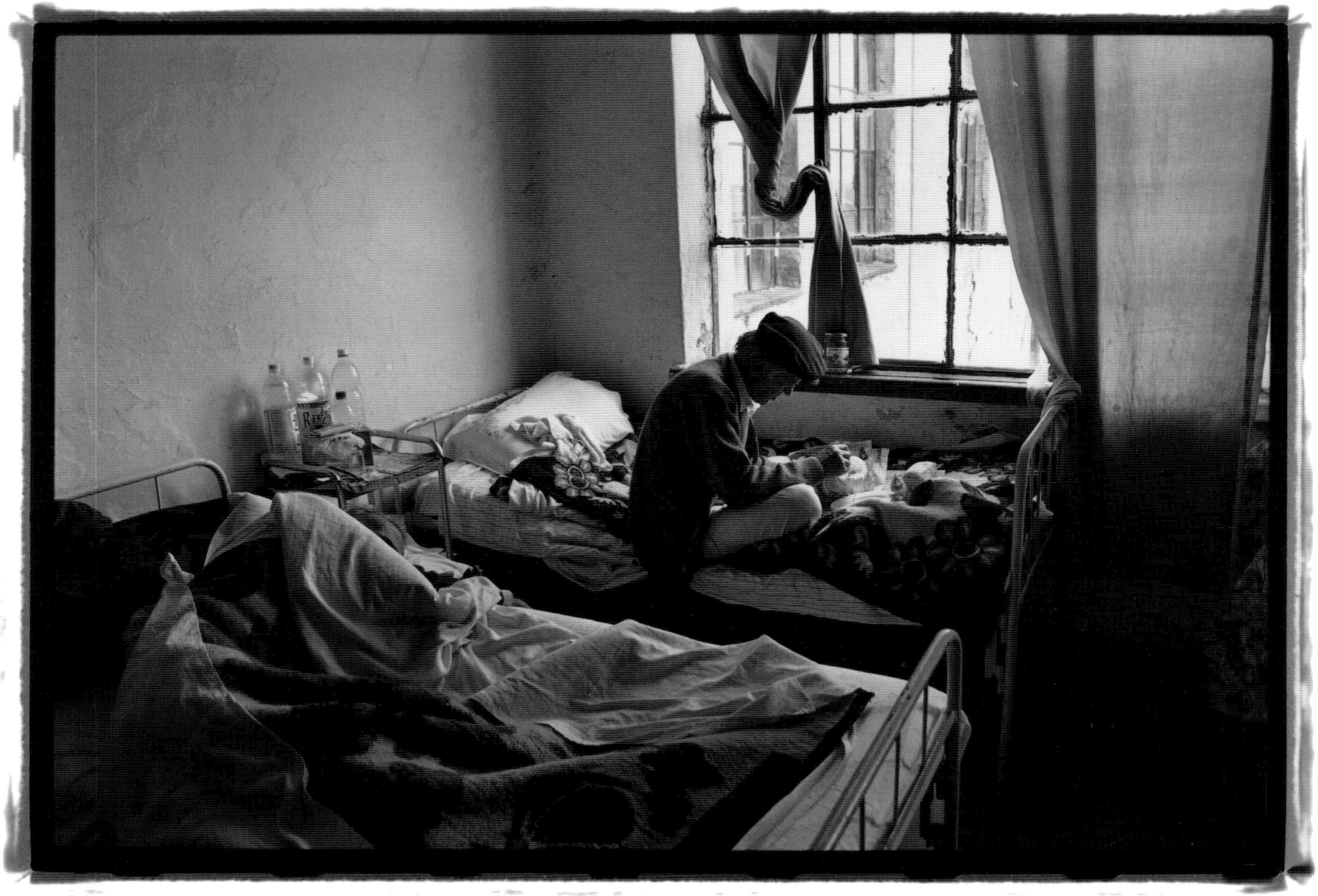

Die Intensivstation des Krankenhauses Shkoder ist seit der Invasion der Kosovo-Albaner überlastet. Hin und wieder müssen Patienten ins Feldspital des österreichischen Bundesheeres weiterverwiesen werden

hält ein verschrecktes Mädchen eng an sich. Nach der Schule gehen die Flüchtlingskinder wieder heim – ins Lager, das die Österreicher vor der Stadt errichtet haben.

Wer durch den rohen Holzverschlag ins Lager will, muss erst seine Harmlosigkeit beweisen. Mit Sturmgewehr, Feitel und anderem gefährlichem Gerät ausgerüstet stehen gut getarnte Uniformierte an der Schwelle zum Camp. Mit Metalldetektoren forschen sie nach Waffen, greifen mit Händen den Besucher ab und perlustrieren seine Taschen. „Haben Sie ein Messer mit?" Sicherheit ist großgeschrieben innerhalb des dreifachen Stacheldrahtringes, über dem der einköpfige Bundesadler flattert.

Das Gelände diente einst als militärischer Feldflughafen, es ist daher flach und hart. Das ist beim Bauen ein Vorteil und ein Nachteil, wenn es regnet. Es dauert, bis das Wasser versickert ist, erklärt Reinhard Schmidt, der mit 30 weiteren Rotkreuzmännern die öffentliche Ordnung im Dorf aufrechterhält. Er hat nicht viel Zeit – das Treffen der „Bürgermeister" steht an. Es war seine Idee, die Zeltstadt für derzeit rund 1800 Menschen in „Dörfer" zu gliedern. Je sechs der weißen Zelte bilden ein Karree. In den so entstandenen Höfen wuchs schnell eine Gemeinschaft wie in kleinen Ortschaften. Die Vertriebenen wählten einen Bürgermeister, der vertritt sie nun gegenüber der Lagerleitung und sorgt für die Durchsetzung der gemeinsam gefassten Beschlüsse.

Heute ist viel zu beschließen. Reinhard Schmidt geht von Mann zu Mann und begrüßt die Volksvertreter per Handschlag, ehe sich der Rat setzt. Schmidt ist ein Diplomat. Er hat peinliche Dinge zu sagen und formuliert sie so, dass niemand gekränkt sein kann. Die Kommunikationstheorie liest man hinter ihm auf einer Flipchart: 1) A sagt einen Satz, 2) B wiederholt sinngemäß, was A gesagt hat und erwartet die Bestätigung von A. 3) B sagt einen Satz und so weiter. Die Sprache ist schließlich die Quelle aller Missverständnisse, zwei Sprachen schon gar.

„Heute waren nur sehr wenige duschen", sagt Schmidt, und die Bürgermeister nicken. Für das Rote Kreuz und das Heer ist das ein Problem. Die Wasseraufbereitungsanlage anzuwerfen ist teuer, und die Prozedur zahlt sich nicht aus, wenn dann kaum jemand kommt. Das Rohwasser kommt bis zur Inbetriebnahme der lagereigenen Brunnen aus dem nahen Fluss und muss erst entkeimt und geheizt werden. „Es ist auch für die Hygiene wichtig, wenn Sie das bitte Ihren Frauen und Kindern mitteilen." Schmidts amtlich-medizinische Sprache und sein freundlicher Ton mildern den Inhalt etwas ab. Die 17 Bürgermeister – keine Frau hat die Wahl geschafft – nicken wieder. Ob sie es weitersagen werden, steht dahin.

Heute muss Schmidt noch etwas Heikleres herausfinden. Das Lager soll in den nächsten Tagen etwas stabiler ausgelegt werden, mit betonierten Latrinen zum Beispiel. Aber mit welchen? „Wollen Sie stehen oder sitzen auf dem WC?", möchte Schmidt wissen. „Ich frage das, damit wir so planen, wie es Ihnen angenehm ist", fügt er an, als wollte er sich für die intime Frage entschuldigen. Ein junger Mann, der das Problem verstanden hat, hockt sich hin, um zu zeigen, wie er es gewöhnt ist. Türkisch. „Also das Loch im Boden", notiert Schmidt.

Es gibt auch Angenehmes zu sagen: „Danke, dass das Werkzeug immer pünktlich zurückgebracht wurde", sagt

Der einzige Brunnen im Lager in der Tabakfabrik. Das Wasser ist nicht entkeimt. Immer wieder versuchen Flüchtlinge, Flaschen mit ungechlortem Wasser von hier ins Österreicher-Camp zu schmuggeln

Schmidt und die Bürgermeister applaudieren. „Am Schluss werde ich wieder sagen, was ich jedes Mal sage. Was?“ Die Bürgermeister murmeln betreten Unverständliches. „Bitte, bitte, organisieren Sie den Reinigungsdienst!“ Das Heer nämlich desinfiziert zwar die Toiletten, aber erst wenn sie „vom Sehen her sauber“ sind. „Das ist auch für Ihre Frauen und Kinder wichtig“, beschwört Schmidt geduldig, auch wenn er es offenbar schon oft getan hat.

Es geht nicht nur um Arbeitserleichterung, sondern mindestens ebenso sehr um Beschäftigungstherapie. „Ich habe Lager gesehen, in denen alles vorbereitet war“, sagt er. Den Insassen war naturgemäß langweilig. „Ich habe angeregt, sie sollen in der Mitte eine Feuerstelle errichten“, erzählt der Linzer. Zwei gibt es schon, auch ein Netz für Korbball steht zwischen den sehr großzügig gestreuten Zelten, und fast in jedem Dorf haben Kinder ihre Würfel zum Tempelhüpfen in den noch nicht ganz zertrampelten Rasen geritzt. Ältere Leute haben sich Holzbänke gezimmert und sitzen still vor dem Zelt, als wäre es ihr Hof. Dort, wo die Zeltstadt im Acker verläuft, wächst das deutsche Malteserdorf aus dem Flugfeld. Bis dorthin kann die österreichische Zeltstadt, die vom Roten Kreuz und Malteser-Hilfsdienst gemeinsam betreut wird, noch wachsen. Im Endstadium sollen 4000 Menschen hier wohnen, allerhöchstens 5000.

Die das alles bauen, wohnen gegenüber der „Straße“ in ihren getarnten Zelten. 378 Pioniere des österreichischen Bundesheers sind hier untergebracht, drei Fünftel von ihnen Berufssoldaten. Zwei Scheinwerfer erhellen nachts die Fahne in der Mitte des Camps. „Hier weilt der ruhmreiche Baupionierzug“, haben Lustige vor ihr Zelt geschrieben, dazu legten sie einen zerquetschten Schubkarren und einen bunt bemalten Helm. Parabolantennen versorgen die Offiziere mit TV. Im Kärntner-Zelt ist eine Art Fitnesscenter entstanden. Aus je sechs gefüllten Mineralwasserflaschen aus Plastik und einer groben Latte haben sich die Soldaten Gewichte zum Stemmen gebastelt. Die Verstrebung über dem Eingang dient als Reckstange. Sogar zum Aufstellen eines Maibaums blieb noch Kraft. Dass die Kollegen vom Roten Kreuz ihn geraubt und ins andere Lager verschleppt haben, hinterließ tiefe Narben im Selbstwertgefühl der Pioniere.

Den Schlafstätten gegenüber entsteht die Großküche, doch erst muss alles aufgeschottert werden. 4000 Menschen sollen von hier aus einmal versorgt werden. Fleisch und Dosennahrung kommen aus Österreich, der Rest aus dem Land selbst. Mit dem Bürgermeister von Shkoder wurde vereinbart, was die Stadt entbehren kann, ohne dass Knappheiten entstehen. Gemüse zum Beispiel. In der Mitte der Anlage steht das „Feldspital“, eine weit verzweigte, vollklimatisierte Anlage mit Apotheke, Zahnambulanz, Frauen-, Kinder- und Interner Abteilung. „Das beste Spital in Albanien“ nennt das Heer stolz seine Einrichtung, die bei Bedarf auch Albanern aus der Nachbarschaft offen steht. Bestätigung des Eigenlobs kommt von den Begünstigten. Schon an der Grenze gilt das Österreicher-Camp als zweitbester Geheimtip – gleich nach der Luftbrücke Richtung Deutschland. Doch die gibt es nur in Mazedonien.

Amin ist taubstumm. Der kleine Kosovo-Albaner ließ sich seinen Gaze-Kopfverband von den österreichischen Helfern im Rotkreuzlager Shkoder bereitwillig signieren

Pause in der Schule 8, „Golem“.

Unter den 350 Schülern sind auch 30 Kosovo-Albaner. „Viele sind traumatisiert von der Vertreibung“, sagt eine der 15 Lehrerinnen

Das Auffangbecken

Nach Kukes zu kommen bedarf es guter Stoßdämpfer. Die Grenzstadt zum Kosovo liegt zwar nur 240 Kilometer nordöstlich von Tirana, doch die Straße dorthin dürfte seit den Tagen der faschistischen Okkupation Mussolinis keine nennenswerten Wartungsarbeiten erfahren haben. Siebeneinhalb Stunden quält sich ein Pkw den gewundenen, rutschungsgefährdeten Höhenweg hinauf, der Sendewagen von CNN wird wohl noch länger gebraucht haben.

Der Weg führt vorbei an blühenden Erikastauden und Obstbäumen, an kultivierten Feldern und Steinhäusern, die sich kaum vom zerklüftet felsigen Untergrund abheben. Schafe und Ziegen suchen zwischen den Steinen nach Gras. Dann öffnet sich ein Hochtal, umkränzt von Schneebergen, an deren Fuß die albanische Grenzstadt zur serbischen Provinz Kosovo liegt: Kukes. Die Stadt hat etwa 20.000 Einwohner, die in öden Reihenhaussiedlungen wohnen. Verfallene kommunistische Repräsentationsbauten und eine Radio-Station prägen das Zentrum.

Vor einem Monat noch, als der Massenexodus aus dem Kosovo gerade begonnen hatte, konnte man kaum in die Stadt hineinfahren. Der Ort schien okkupiert. Sie saßen auf den aufgeweichten, lehmigen Wiesen, kauerten geduldig auf ihren Lastwagenverdecken, stellten sich vor der Baracke des Roten Kreuzes an oder zogen gleich direkt zur Moschee, die hart am Abhang zum tiefer gelegenen Stausee steht. In die Moschee selber zu kommen schien unmöglich. Bis zur Tür hin saßen dicht gedrängt Frauen und Kinder auf dem braunen Spannteppich, der vom Schlamm der Schuhe troff. Die rituelle Vorschrift, das Gotteshaus nicht mit Schuhen zu betreten, war in der Not längst gefallen. Zu den sanitären Anlagen im Keller watete man durch stinkenden Morast.

Auch heute liegen wieder einmal triefnasse Teppiche auf den Treppen zur Moschee in der Sonne. Ein Arbeiter presst mit einer Gummiwalze dreckiges Wasser zum Rand hin, damit der Bodenbelag schneller trocknen kann. Drinnen stehen ein paar Dutzend Männer mit dem Gesicht nach Mekka gekehrt auf den rohen Parketten und verrichten mit

Die Flucht endete vorerst in einer Fabrikshalle in Kukes, Albanien

ritueller Gestik ihr Mittagsgebet. Der schlimmste Ansturm vertriebener Kosovo-Albaner ist vorbei, die Ordnung ist zurückgekehrt in die Moschee. Die Traktoren vor dem Gotteshaus sind verschwunden, nur die staubige Lehmwüste ohne einen Grashalm erinnert noch an die Scharen desorientierter Menschen, die hier ihre erste Nacht in Albanien verbringen mussten.

Auch anderswo im Ort mehren sich die Anzeichen für Normalisierung, wenn man den geregelten Ablauf des Ausnahmezustands als Normalität bezeichnen will. Auf dem weiten, säuberlich geputzten Platz vor dem Amt des Bürgermeisters stehen die Lastwagen der internationalen Hilfsorganisationen ordentlich aufgereiht. Auf der fernen Hochebene sieht man unter den schneebedeckten Gipfeln der Berge die Zackensilhouette heller Zeltstädte. Nur die von Plastikplanen geschützten Ladeflächen der Traktoren im Park erinnern noch an die ersten chaotischen Tage der Invasion von Kosovo-Vertriebenen. Wer unter Verzicht auf die minimalen Annehmlichkeiten einer Zeltstadt bis heute hier haust, tut dies freilich nicht aus Not, sondern aus Angst vor Autodieben.

Furcht ums Auto ist nichts Außergewöhnliches auf dieser Flucht. „Unseren Pass haben die Grenzer zerrissen, die Autopapiere auch“, hatte Kimete Medjuani aus Priština erzählt, als sie zu Ostern ohne Nummerntafel die Grenze erreichte. Kimetes Tante zeigte indes wortlos zum Ohr und auf ihren Finger. Die Ringe waren weg. Stereotype Anklagen, monotone Terrorberichte. „Männer mit schwarzen Mützen über dem Gesicht haben uns zum Gehen aufgefordert“, hatte Kimete gesagt, hatten auch die anderen berichtet, die herüberkamen. Sie fliehen vor den Bomben der Nato, wollte der serbische Milizenkommandant Arkan im Fernsehen dem Publikum von CNN erklären. Im Hotel „America“, dem einzigen in der Stadt, fand der Mann freilich kein sehr aufnahmebereites Publikum.

Doch nicht alle kamen im Auto. Ein Dutzend Objektive richtete sich auf die bepackten Gestalten, die im Pulk nach Albanien wanderten. Was sie anhatten, die Kinder und die Beutel auf den Schultern waren alles, was sie noch besaßen. Frauen schleppen plärrende Kinder hinter sich her, am Arm schreiende Säuglinge. Ein junger Mann trug seinen Vater über die Grenze, wie Aeneas den alten Anchises aus dem brennenden Troja gerettet hatte. Nun wurden sie gezählt wie Vieh. Wer über die Grenze war, bekam Pfirsichsaft von einem christlichen Hilfswerk oder einfach Wasser. Für Notfälle war ein Arzt da.

Ohne Kinder wäre der Exodus völlig lautlos vor sich gegangen. Nur hin und wieder lockte ein Tumult auf der Wiese die Fotografen. Ein junger Mann, den die Familie für gefangen, schlimmstenfalls gar für tot gehalten hatte, war unverhofft wieder da. Alle wollten ihn angreifen, küssen, fragen. Er saß stoisch im Gras und wartete, bis es vorüber war. Ein junger Albaner warf ihm noch eine Zigarette hin, dann war er wieder allein.

Vom Grenzort Morin zog der Treck nach Kukes, vorbei an einem aufgelassenen Chrombergwerk, zwischen dessen Ruinen Kühe grasten. Flüchtlinge hockten auf rostigen Maschinenteilen, die neben der Fabriksruine lagen. Am Ausgang der Stadt waren ein paar Soldaten stationiert. Sie standen um eine Kanone, deren Rohr zur Grenze zeigte.

Brotausgabe in Kukes: Es dauerte, bis die städtischen Bäcker auf den Massenansturm umgestellt waren. Beim Bäcker Ali werden seit der Ankunft der Kosovaren acht Mal so viel Brotlaibe gebacken wie zuvor

Versprengte Kinder am Grenzübergang Morin bei Kukes.

Auf der Straße schiebt sich langsam der Treck von Fahrzeugen ohne Nummerntafel vom Grenzübergang auf das nahe Kukes zu. Nur Plastikplanen schützen notdürftig vor Regen

Essenausgabe im italienischen Lager in Kukes. In langen Schlangen warten die Flüchtlinge auf Spaghetti und Minestra. Im Hintergrund die Grenze zum Kosovo

Die alten Gewehre der albanischen Spezialpolizei verschwanden bald aus dem Stadtbild von Kukes, verdrängt von den nagelneuen Waffen und Uniformen der kosovarischen Befreiungsarmee UÇK

Heute wirkt Kukes wie eine betriebsame Garnisonsstadt. Die Soldaten der UÇK tragen nagelneue Uniformen und handhaben ihre Gewehre mit einer Vorsicht, die Unkundigkeit verrät. Seit gut sechs Wochen lebt Kukes schon mit den 95.000 Vertriebenen, die über die Grenze geströmt waren, und noch immer werden es täglich mehr. Knapp die Hälfte von ihnen haben Bürger in ihren ohnedies nicht üppig ausgestatteten Häusern aufgenommen. Die ersten Wochen oft gratis, dann gegen Miete, die in DM zu entrichten ist. Das Geld kommt aus Deutschland, von Verwandten. Wer keine Zahler in der Familie hat, muss im Zelt wohnen. Doch auch das feste Dach über dem Kopf muss kein Luxus sein. In einer Gaststube neben dem Gemüsemarkt hat der Wirt drei Dutzend Menschen zusammengepfercht. Sie zahlen ihm notgedrungen zusammen 1000 Mark im Monat, das ist mehr, als sich mit Borek je verdienen ließ.

Für Kukes ist der Exodus Belastung und Segen zugleich. Vizebürgermeister Feriz Ahmeti klagt zwar über seine Sorgen mit dem Wasser oder mit den Preisen, die wegen des Mangels um rund fünf Prozent gestiegen sind. Der kleine Ort hat erstmals Probleme mit der öffentlichen Ordnung und mit dem Schmutz, der die Stadt zu ersticken droht. Wenn er sich etwas wünschen dürfte, wären es Putzfahrzeuge, sagt Feriz Ahmeti, und Geräte zur Desinfizierung. Mit der warmen Saison droht Seuchengefahr. Doch zugleich lösen ihm die vielen Flüchtlinge ein nicht minder schwerwiegendes Problem – zumindest vorübergehend. In Kukes war zu Beginn der neunziger Jahre praktisch das ganze Wirtschaftsleben zusammengebrochen. Die Fabriken, die Albaniens Diktator Enver Hoxha nach einem realitätsfernen Fünfjahresplan hier errichten ließ, hielten dem freien Markt nicht stand und mussten bald nach dem Umsturz schließen. Was blieb, waren das kleine Handwerk und der Handel mit dem Kosovo, aber das nährte längst nicht alle.

Edi ist nicht der Einzige, der in dieser Notlage die Flucht nach Italien versucht hatte. In seiner Verzweiflung wandte sich der junge Albaner an einen der zahlreichen Menschenschmuggler in den Küstenstädten Durres oder Vlona, die illegale Zuwanderer im Schlauchboot an die apulische Küste bringen. Das ging zwar zunächst gut, „aber die Carabinieri haben mich mit einem Fußtritt wieder zurückbefördert", erzählt er. Jetzt hat Edi am Rand der Ausfahrtsstraße von Kukes seinen Stand aufgemacht. Hier verkauft er, was man so im Alltag brauchen kann, von Zahnpasta bis zu Unterhosen und Büstenhaltern. Das Geschäft in den schäbigen, staubigen Holzverschlägen bringt ihm heute dreimal so viel wie noch vor der Ankunft der Vertriebenen, schätzt Edi. „Die haben Geld, das ihnen ihre Brüder aus Deutschland schicken", vermutet er.

Die Fabriken, in denen die Kukeser früher ihr Geld verdient haben, dienen nun als Zufluchtsstätte für Vertriebene, eine wird als provisorische Kaserne für die Kosovo-Befreiungsarmee UÇK genutzt, die in den Straßen von Kukes ungeniert patrouilliert. Die Arbeiter ohne Fabrik haben sich schnell angepasst. Viele haben sich bei Hilfsorganisationen verdingt, entladen deren Hubschrauber oder Lastwagen und organisieren die Verteilung der Güter. Andere bieten sich zu überhöhten Preisen als Taxifahrer an, offerieren ihre Dienste als Übersetzer und Träger, oder sie säubern ihre Stadt so gut es geht.

Am Stadtrand von Kukes

Vor dem alten Chrombergwerk: Ausrangiertes Fabriksgerät dient als Teeküche

Vexhi Hoxha, der Imam der Moschee von Kukes, in seiner Wohnung:

„Der Prophet sagt, was die anderen dir antun, tu' es nicht,

dann bist du ein wahrer Muselmane"

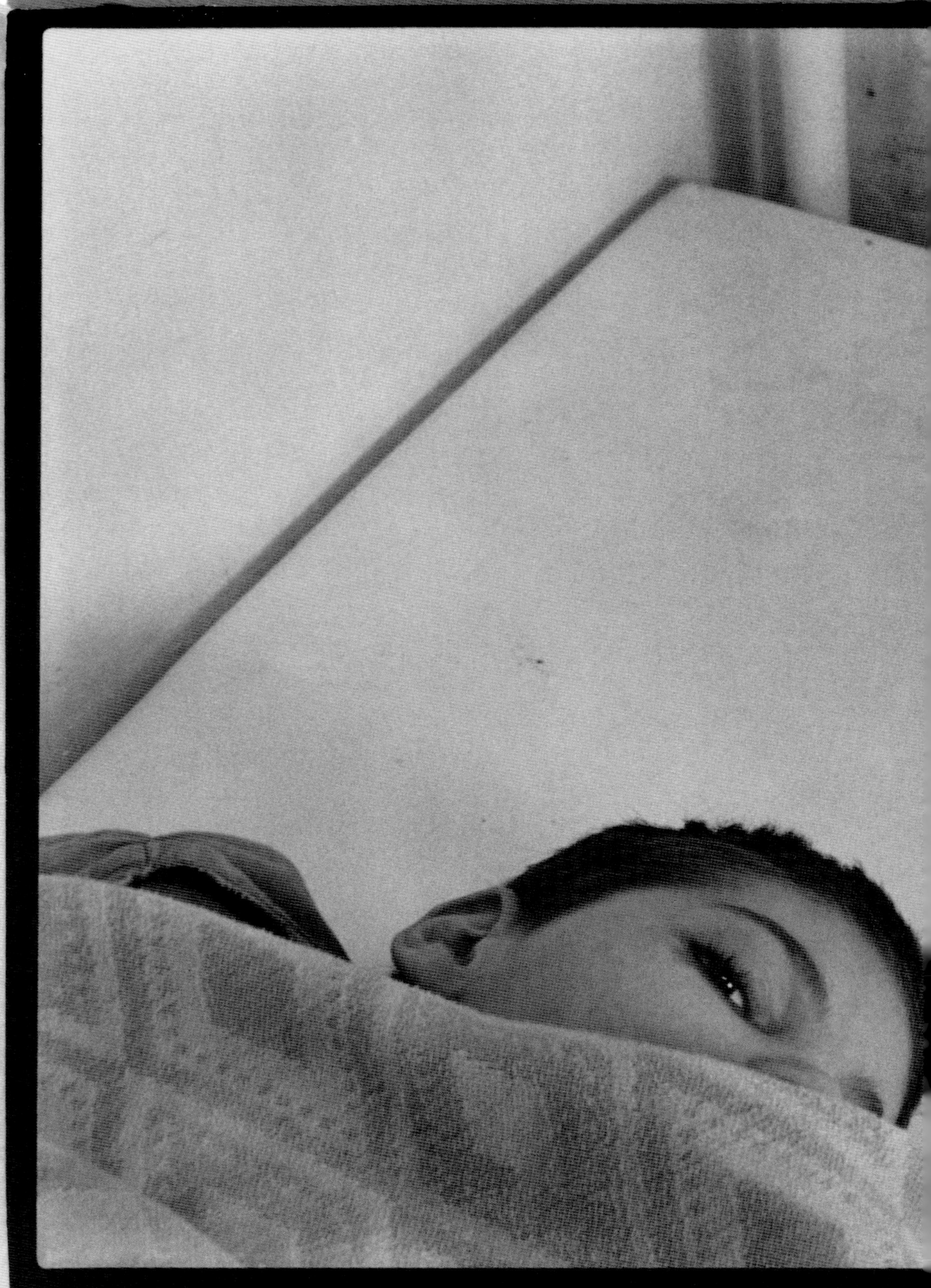

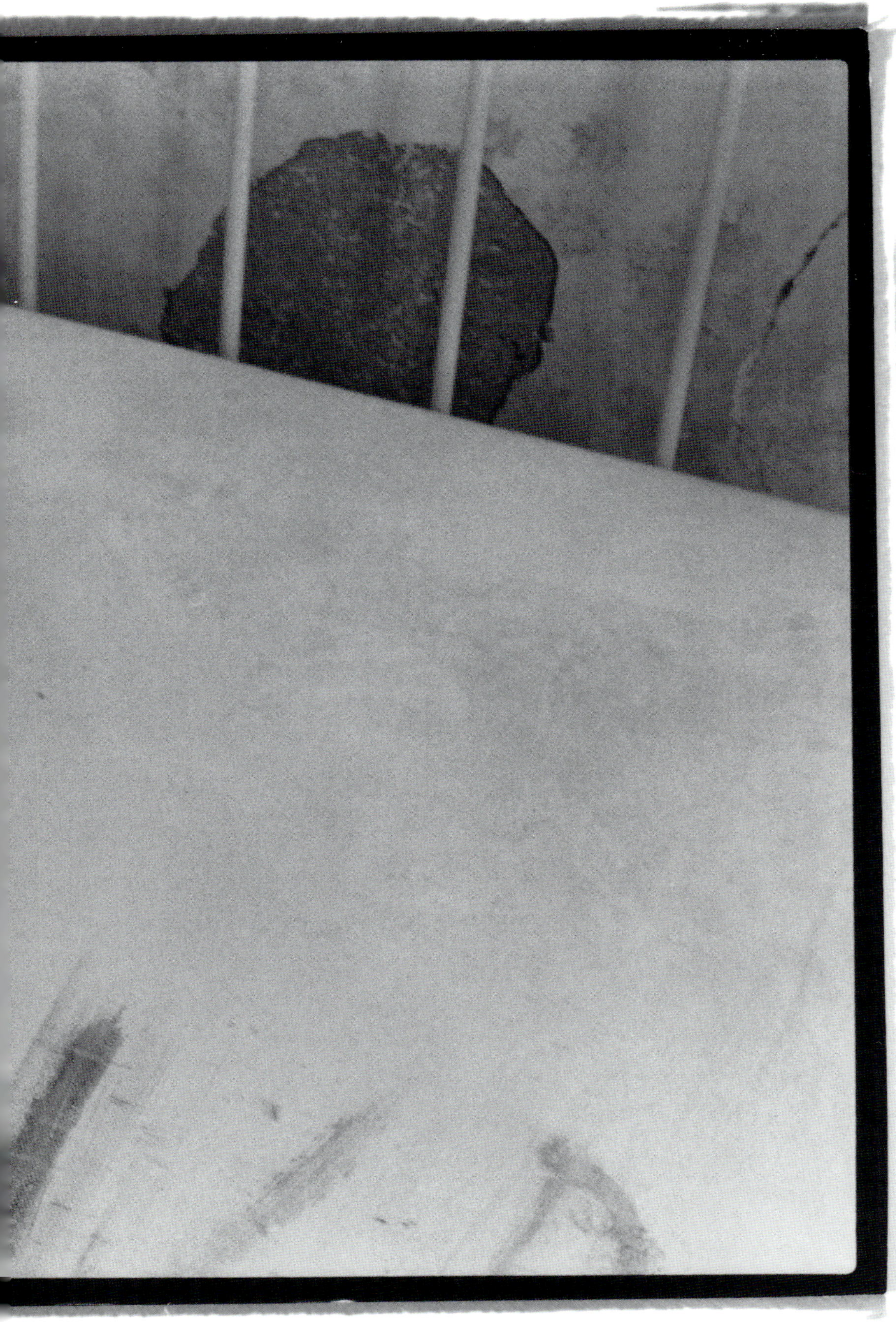

Verängstigt zieht dieser Bub die Decke über den Kopf: Er wurde auf der Flucht von einer Granate verletzt, im Schock verweigerte er im Krankenhaus Kukes jede Kommunikation

Wer ein lebensnotwendiges Gut herstellt, hat Glück gehabt. Beim Bäcker Ali geht der Ofen dieser Tage nie aus. Ali beschäftigt nun dreimal so viele Arbeiter wie zuvor, um dem Ansturm genügen zu können. Um nicht als Profiteur in Misskredit zu geraten, legt er auf die Feststellung wert, dass seine Bäckerei an die Befreiungsarmee UÇK und das albanische Heer gelegentlich auch gratis liefert. Doch das ist die Ausnahme. „Wir machen heute achtmal mehr Brot als früher", berichtet er zufrieden. Wie sich das auf sein Einkommen niederschlägt, will er freilich lieber nicht preisgeben. Schlimm genug, dass mit steigendem Umsatz auch Stromrechnung und Steuerbescheid gesalzener ausfallen, was den Bäcker zu überraschen scheint. Immerhin hat Ali noch nicht auf den Trick anderer Zunftkollegen zurückgegriffen, die zwar den Preis gleich belassen haben, dafür aber geschrumpfte Brotlaibe verkaufen.

In wenigen Tagen wird Kukes zum ersten Mal einen Flughafen besitzen. Die Vereinigten Arabischen Emirate ließen auf der Hochebene neben der Stadt nicht nur Zelte errichten, sie bauen auch eine Landepiste, die selbst für Herkules-Maschinen geeignet sein soll. Deren Bauch kann vieles transportieren, auch Soldaten.

Ausgezehrt von den Strapazen wurde dieser alte Mann nach seiner Flucht ins Spital von Kukes gebracht. Wenige Stunden später war er tot, gestorben an den Folgen der Überanstrengung

Die Flucht

Im Garten des Hauses Nummer sieben in der Straße 174 am Rande der nordmazedonischen Grenzstadt Tetowo spielen zwei kleine Mädchen. Fitoke ist neun, Ajshe acht. Sie hopsen im Kreis und klatschen ihre offenen Handflächen im Spiel gegeneinander. Dann fallen sie sich wieder um den Hals wie alte Freundinnen nach langer Trennung. Doch Fitoke kommt aus Priština, und Ajshe hat immer in Tetowo gewohnt, in der Hochburg der Albaner Mazedoniens. Die Mädchen kennen einander seit 24 Stunden.

Es war der 30. März 1999. Hysen (45) und seine Frau Vahide (42) saßen mit ihren drei Kindern beim Frühstück, als es läutete. Draußen standen ein paar Männer mit schwarzen Masken über dem Gesicht und Pistolen in der Hand. „Ihr habt fünf Minuten, um zu verschwinden", sagten sie. Keine Zeit, Wertsachen oder Geld mitzunehmen, sogar die Pässe blieben in der Wohnung im vierten Stock des Wohnhauses in Priština.

Zu erkennen waren die Familien albanischer Herkunft für die Säuberungstrupps in den ersten Tagen der Luftangriffe nicht nur an ihren Namen. Es genügte, nachts in der Hauptstadt des Kosovo zu schauen, wer Kerzen oder Licht brennen ließ, während die Bomben fielen. Dorthin kamen die paramilitärischen Milizen am nächsten Tag. „Wir waren auch nicht im Luftschutzkeller, sondern haben mit Wasser angestoßen, als die ersten Bomben fielen", gesteht Vahide und strahlt noch jetzt beim Gedanken an die Strafe für ihre Peiniger.

Draußen zogen schon Kolonnen von Menschen durch den kalten Nebel, als die Familie vor das Haus trat. Hysen teilte seine Leute: Der sechzehnjährige Likidon und seine kleine Schwester Fitoke zwängten sich in das Auto von Freunden, er und seine Frau reihten sich mit dem zweiten Sohn in die Kolonne ein, die zu Fuß loszog. Sie hatten zwei Laib Brot mit und zwei Liter Wasser. 30 Kilometer marschierten sie, „verirrt wie Gänse im Nebel", sagt der Vater. Dann mussten sie ein von Serben bewohntes Dorf durchqueren. „Ist das eine Friedensdemonstration gegen die Nato?", höhnten die Bewohner. „Wo bleibt euer Clinton, wo ist die Nato jetzt?" Dann wollten sie die Verängstigten zwingen, großserbische Parolen zu rufen und versuchten, die jungen Mädchen aus der Kolonne herauszuzerren. Ein Mann, der keine Uniform trug, aber offenbar Autorität besaß, machte dem Spießrutenlauf ein Ende. Busse sollten die Vertriebenen weitertransportieren, versprach er.

Der Bus kam tatsächlich, brachte sie ein Stück weit, ließ sie wieder aussteigen. Zwei Stunden standen sie, umgeben von maskierten Bewaffneten, an der Straßenkreuzung neben einer aufgelassenen Fabrik und erwarteten das Schlimmste. Dann kam der Bus wieder und brachte sie in die Nähe des Grenzübergangs nördlich der mazedonischen Stadt Tetowo. Die letzten fünf Kilometer mussten sie zu Fuß gehen.

Jenseits der Grenze, in Mazedonien, siedeln Albaner. Ihre Ortschaften ziehen sich in einem Bogen von Skopje bis nach Struga, wo die Straße ins benachbarte Albanien führt. Minarette ragen aus ihren Dörfern, Sprayer haben die Häuserwände mit Parolen der Demokratischen Albanerpartei PDA angeschmiert. In Tetowo ist ihr Hauptquartier, geschmückt von der albanischen Flagge. Kinder recken hier die Victory-Finger in die Luft, wenn das Röhren der Düsen von Nato-Bombern erdröhnt.

Die Albaner Nordmazedoniens hatten schon vor der Ankunft der ersten Vertriebenen Krisenstäbe gebildet. Auch bei der muslimischen Hilfsorganisation Al Hilal konnten sich Familien freiwillig melden, um obdachlose Nachbarn aufzunehmen. Wer keinen Platz hatte, spendete Geld, damit Essen angeschafft werden konnte für die Ausgezehrten, die über die Grenze kamen. Von internationalen Hilfslieferungen war damals noch keine Spur. Auch Hamdi hatte sich gemeldet. „Ich war der Neunte auf der Liste", sagt der 37-jährige Kaufmann und kann seinen Stolz schlecht verhehlen. Von den zehntausend Einwohnern seines Vororts haben 400 Familien ihre Häuser für Vertriebene aus dem Kosovo geöffnet.

Das Wohnzimmer des Hauses, das Hamdi von seinen Eltern geerbt hat, war noch nie so voll. Auf den weißen Fellüberzügen der Couch neben dem dichten Strauß von Plastikrosen drängen sich strahlend Hysen, Vahide und ihre drei Kinder. Sie dürfen das ganze Parterre bewohnen. Der Gastgeber selbst, seine Eltern, seine Frau und ihre beiden Kinder kommen indessen mit den Räumen im ersten Stock aus. Hamdis Brüder, die in der Schweiz arbeiten, verzichteten für den kommenden Sommer auf ihre Zimmer. „Wenn es länger dauern sollte, kommen sie eben nicht über die Ferien nach Hause", meint der Hausherr, als wäre es eine Selbstverständlichkeit, für wildfremde Menschen das halbe Haus zu räumen.

„Wären sie vorgestern gekommen, sie hätten hier bei mir noch keine ganze Familie gefunden – und schon gar keine strahlende", sagt er. Hamdi selbst hat einiges beigetragen, dass sie nun alle hier sitzen. Kaum waren Hysen und Vahide mit ihrem einen Sohn eingetroffen, ließ sich die verzweifelte Mutter vom freundlichen Gastgeber von Camp zu Camp fahren. Sie klopfte bei den Hilfsorganisationen an, den albanisch-mazedonischen wie auch den internationalen, und stellte überall die gleiche Frage. Hat jemand von Likidon und Fitoke gehört? Viele wollten etwas gehört haben, aber jeder etwas anderes. Die Listen waren unvollständig und die Aussagen der anderen Vertriebenen vage, oft irreführend.

In wachsender Panik hastete Vahide von Zeltstadt zu Zeltstadt und versuchte, den dreifachen Polizeikordon mürrischer Mazedonier zu durchbrechen. „Bei der ersten Sperre bin ich durchgeschlüpft, als die Polizisten einmal abgelenkt waren. Sie haben mir nachgerufen, aber ich wäre auch nicht stehen geblieben, wenn sie geschossen hätten. Dem zweiten habe ich gesagt, der erste hat mich durchgelassen, warum lasst ihr mich nicht durch?" Am Tor angelangt, entmutigte sie ein westlicher Helfer: „Sie würden vier Tage brauchen, wollten sie hier alles absuchen", sagte er. So hat sie fünf Flüchtlingscamps durchkämmt, in wilder Entschlossenheit. „Ich bin eine Mutter", sagt sie und legt ihre Hand auf den Rücken Likidons, des Wiedergefundenen.

Im größten Lager, dem von Bražda bei Skopje, war Vahide nahe daran, aufzugeben. 25.000 Menschen drängten sich zu dem Zeitpunkt auf dem riesigen Areal, es schien völlig aussichtlos, hier zwei bestimmte Kinder finden zu wollen. Im Geiste sah sie Fitoke und ihren Bruder schon im Flugzeug nach Norwegen oder in die Türkei sitzen, vielleicht auch eingeschlossen in der Falle zwischen den beiden Grenzen wenige Kilometer nördlich von Bražda. Blače heißt der Grenzort, der zum Synonym für den Albtraum dieser Massenvertreibung geworden ist. Wer dort ankam, steckte fest, tagelang. Zurück in den Kosovo konnte er nicht, nach Mazedonien nur stockend, tageweise überhaupt nicht.

Die bösen Ahnungen hatten die Mutter nicht getrogen, Fitoke und Likidon waren tatsächlich in Blače. Das Auto hatten die Freunde, welche die Kinder mitgenommen hatten, ein paar Kilometer vor der Grenze abstellen müssen. Drei Nächte hatten sie im Wagen übernachtet, ohne dass die Schlange kürzer geworden wäre. Dann verstanden sie den Zweck der Behinderung und entschlossen sich, das Auto zurückzulassen. Doch das Schlimmste stand ihnen noch bevor.

Zwar konnten sie den Kosovo verlassen, aber auf der anderen Seite waren sie nicht willkommen. Schleppend fertigten die Grenzer ab, registrierten bürokratisch jeden Einzelnen, bis sich geschätzte 60.000 Menschen auf dem kleinen Feld zwischen den Grenzen zusammengestaut hatten. „Wir hatten wohl zu essen", erzählt Likidon, „aber nur einen Liter Wasser in drei Tagen." Drei Nächte lang haben die Kinder im Dreck geschlafen. „Ich habe Fitoke mit meiner Jacke zugedeckt, und wir drängten uns aneinander, damit es nicht so kalt ist", erzählt Likidon. Niemand sagte ihnen, wie lange die Qual dauern würde, nur vereinzelt durchkämmten einheimische Ärzte das Areal. Kalter, anhaltender Regen verwandelte den Boden bald in eine schlammige Suppe.

Am vierten Tag war für die beiden Kinder aus Priština die Erlösung gekommen. Ein überfüllter Bus karrte sie ins Nato-Lager Bražda. Kaum angekommen, hörten sie Rufe: „Eure Mutter ist da!" Was dann kam, können die drei nur indirekt beschreiben, als berichteten sie von Dingen, die in Wahrheit anderen geschehen sind. „Von überall her sind die Menschen zusammengelaufen", erzählten sie, die hätten geweint und geschrien. Die eigenen Gefühle auszudrücken, fehlen die Worte. Aber man sieht sie in den Augen.

Die Kinder hatten Glück gehabt. Blače ist in jener Nacht völlig geleert worden, ein großer Teil der Vertriebenen – vermutlich 10.000 – fand sich am nächsten Tag in Albanien wieder, ein anderer in Griechenland. Wahrscheinlich hatte die Zusage der Regierung in Tirana, 100.000 Kosovo-Albaner aus Mazedonien übernehmen zu wollen, zur plötzlichen Öffnung der tagelang verschlossenen Grenze geführt. Um Komplikationen zu vermeiden, schaffte die Regierung so viele wie möglich gleich wieder über die Grenze – ohne Rücksicht auf die Familienzusammengehörigkeit und ohne das UNHCR, das Hochkommissariat für Flüchtlingsfragen, davon in Kenntnis zu setzen.

Als die Familie anderntags die Zeitung „Vecer" aufschlug, fand sich darin nichts vom mysteriösen Vorgang. Das Land sorgt sich um die beginnende Wirtschaftskrise, um Raketen, die irrtümlich über Mazedonien abgeworfen werden, und über die Luftverschmutzung, die von nahen Bombardements provoziert wird. Albanien und die Nato-Staaten haben versprochen, die Flüchtlinge abzunehmen, nun steht für die Regierung wieder das „einzige unschuldige Opfer" dieses Krieges im Mittelpunkt: Mazedonien.

Für Hysen und Vahide bedeuten der blühende Garten und das geräumige Haus von Hamdi in Tetowo vielleicht nur ein kurzes Aufatmen. Es wird nicht lange dauern, bis auch sie sich in einem Kontingent wiederfinden, das woanders Zuflucht suchen muss. Mazedonien fürchtet seine rasant wachsende albanische Minderheit. Geschätzte 70.000 Kosovo-Albaner sind in privaten Heimen in Mazedonien untergekommen, steht in der Statistik der Regierung. Die Zahl ist nicht dazu angetan, die Ängste vor Überfremdung zu beschwichtigen. Im Gegenteil – Angst macht blind, auch für Geschichten wie die von Hysen und Vahide.

Ein Platz an der Sonne

„Die westliche Welt macht einen Fehler, wenn sie versucht, den Balkan aus Europa herauszuhalten, weil sie glaubt, dass Konflikte und Kriege den Zusammenhalt der Europäischen Union stören“ *

Arben Xhaferi ist der Chef der PDA, der Demokratischen Partei der Albaner. Sie hat ihren Sitz nicht in der mazedonischen Hauptstadt Skopje, sondern in Tetowo, dem Hauptort der albanischen Minderheit in Mazedonien. Graffiti an den umliegenden Häusern propagieren die Partei und ihren Chef, der in der Krise um den Kosovo zum mäßigenden Element in der überhitzten mazedonischen Politik geworden ist.

Xhaferi sitzt in einem ausladenden Stilmöbel, das schlecht zum nüchternen Rationalismus des neuen Sitzes seiner Partei am Hauptplatz von Tetowo passt. Er trägt einen grauen Patriarchenbart, sein schwarzer Anzug und die stoische Ruhe, die der Mann ausstrahlt, unterstreichen den Eindruck, man habe mit einer Autorität zu tun. „Milošević möchte auch Mazedonien destabilisieren, wir wollen das verhindern“, sagt der Mann scheinbar emotionslos. Daher stelle seine Partei vorerst alle Forderungen der albanischen Minderheit an die Regierung in Skopje zurück. „Jetzt müssen wir die Integrität des Staates schützen und den Zerfall der Koalitionsregierung verhindern.“ Xhaferis Partei ist an der Regierung Ljubčo Georgievskis beteiligt. Der Strom von Albanern aus dem Nachbarland, der seit den Bombenangriffen immer reißender wird, belastet das Verhältnis zu den mazedonischen Parteien in der Koalition.

„Wir sind empört über die Misshandlung der Flüchtlinge an der Grenze. Wir können das den Mazedoniern vergeben, aber wir können es nicht vergessen“, sagt Xhaferi, und man

---

***) Kiro Gligorov,** *der Staatspräsident der Republik Mazedonien, in einem Interview mit der „Süddeutschen Zeitung“.*

glaubt ihm, dass er die feine Trennlinie zwischen vergessen und verzeihen zu respektieren versteht. „Mazedonien war in der letzten Zeit entlang ethnischer Grenzen geteilt und nicht nach politischen Kriterien. Die Mazedonier slawischer Abstammung haben die eine Position eingenommen, die ethnischen Albaner die andere. Das ist das wirkliche Bild des Abstands zwischen den Volksgruppen in Mazedonien, was sehr negativ ist. Wir müssen uns um ein besseres Verständnis zwischen den beiden Ethnien bemühen."

Die Flüchtlingskrise hat genau das Gegenteil bewirkt. „Sie sehen diese Menschen als Albaner, wir als Flüchtlinge. Sie wurden deportiert aus dem Kosovo, wir müssen ihnen helfen." An die Adresse der verbündeten Parteien sagt Xhaferi: „Sie können nicht den Staat mit dem slawisch-mazedonischen Teil der Bevölkerung identifizieren. Sie sagen, dass Mazedonien ein multiethnischer Staat ist. Wenn das so ist, warum hat der Staatspräsident die Treffen des Sicherheitsrates ohne uns Albaner abgehalten? Sind wir verdächtige Elemente in diesem Staat? Wie lang wird dieser Verdacht noch aufrechterhalten?" Xhaferi verändert zwar die Stimmlage nicht, doch plötzlich steht eine Drohung im Raum. „Wenn wir das Land destabilisieren wollten, könnten wir das innerhalb einer Stunde tun. Wer kann uns aufhalten? Niemand."

Die Grenze zu blockieren, die Flüchtlinge nicht hereinzulassen und Druck auf die internationale Gemeinschaft auszuüben, Flüchtlinge aufzunehmen, all das sieht Xhaferi als staatliche Strategie, ein Anschwellen der Zahl der Albaner durch den Flüchtlingsstrom zu verhindern. „Dazu haben sie diese schändlichen Bilder in Blače erzeugt."

Wer diese Stimmung schürt, ist in den Augen des Albanerführers auch klar. „Es gibt eine starke proserbische Infrastruktur – in der Polizei, in der Politik, im Militär, im Journalismus. Sie stellen sich als Opfer der Flüchtlinge dar, aber wer sind die Opfer? Die einfachen Leute, die ihre Familienalben, den Pass, ihre Identität, alles, was sie hatten, verloren haben. Mazedonier haben nichts verloren, kein Geld, alle Flüchtlinge sind in unseren Familien oder in Lagern, niemand ist in staatlichen Institutionen, keiner in einer mazedonischen Familie."

Die sture Haltung der Regierung erklärt sich Xhaferi aus der politischen Einschätzung der Lage, wie sie seiner Ansicht nach im Regierungslager vorherrscht. „Sie glauben letztlich, dass Milošević gegen die Nato gewinnen wird. Andernfalls müssten sie die Flüchtlinge nicht fürchten, weil sie dann ja zurückkehren könnten in den Kosovo. Wenn sie nicht gegen die Nato argumentieren, argumentieren sie gegen die Albaner. Sie wollen Anti-Nato-Gefühle mit antialbanischen Gefühlen kaschieren." Wenn Xhaferi begründet, wieso die Albaner aus der Nachbarprovinz im Norden keine Gefahr für Mazedonien darstellen, gerät die scheinbar beruhigende Argumentation unversehens zum Schlagstock gegen die eigene Mehrheitsbevölkerung und ihre politischen Vertreter. „Es ist verrückt zu glauben, diese Albaner blieben hier. Wenn sie im Kosovo bleiben und mit Milošević kooperieren, haben sie mehr Rechte als in Mazedonien."

Xhaferi stellt sich auf einen langjährigen Kampf mit den Makedonen ein und baut auf die Europäisierung der gesamten Region nach dem Krieg. „Wir wollen zunächst einmal Mazedonien in die europäische Staatengemeinschaft integrieren und innerhalb der europäischen Institutionen versuchen, ein paar Einstellungen hier zu ändern. Wir wollen das Land in europäische Strukturen einbinden, es in Übereinstimmung bringen mit europäischen Werten und dann diese nationale Paranoia, den Fremdenhass und andere balkanische Erbschaften abbauen." Xhaferi ist überzeugt, dass das möglich ist, sogar die traditionelle Orientierung nach Osten müßte sich seiner Ansicht nach überwinden lassen. „Der Westen ist der einzige, der etwas anbietet. Was ist das Angebot der Russen? Dass jemand kommt aus der Duma und sagt, ‚ich bin mit euch', oder ‚wir schicken euch Freiwillige, um gegen schmutzige Albaner zu kämpfen' "?

Die Rolle der Religion in dem Konflikt hält Xhaferi für entscheidend. „Die orthodoxe Religion hat das Konzept: eine Nation, eine Religion. Hier kann es keine albanische, bulgarische oder griechische Kirche geben. Das ist der Grund, warum wir mit dieser Art von Nation ein Problem haben." Der zweite problematische Punkt im Umgang der Balkanvölker miteinander betrifft den Gebrauch der Geschichte. „Es gibt eine Tendenz, die heutige Sichtweise auch der Vergangenheit aufzudrücken. Ich sage, man darf Geschichte nicht missbrauchen. Sonst könnten auch die Römer kommen und Dalmatien beanspruchen oder die Türken, die länger hier waren als die Serben." Noch grundsätzlicher betrachtet geht es um einen „Konflikt zwischen zwei Denkweisen, der inklusiven und der exklusiven. Vorher herrschte hier die exklusive Ideologie des Kommunismus, sie bauten KZs, jetzt haben wir den Nationalismus. Sie schließen die anderen Ethnien aus, das ist Apartheid. Wir sind anders und werden so bleiben. Wir werden uns keine andere Identität aufzwingen lassen."

In seinen Forderungen versucht Xhaferi „logisch" zu sein und „rational". „Wir müssen die politischen Realitäten respektieren, wir müssen die Grenzen Mazedoniens respektieren, und wir müssen unseren Platz unter der Sonne in diesem Staat finden. Wir wollen mit den Mazedoniern zusammenleben, aber einen Raum haben, unsere Sprache und Kultur zu pflegen." Ein Programm für die Ewigkeit? „Ich lebe nur einmal und möchte in einem System leben, das meine individuellen und kollektiven Rechte respektiert. Ich möchte nicht ewig warten, sonst werde ich wie der Dalai-Lama.

BMI 381 – mit solchen Stempeln auf dem Handrücken markierten Mitarbeiter des deutschen Innenministeriums Kosovaren, die sich freiwillig zur temporären Übersiedlung in ein Camp in Deutschland gemeldet hatten

Drei Finger

In Sveti Nikola ist Hochzeit. Mühelos füllen die starken Stimmen der beiden Popen das niedrige Gewölbe des Dorfkirchleins von Brażda. Die Videokamera hält fest, wie einer der Geistlichen dem Paar die schon etwas ramponierten silbernen Kronen auf den Kopf drückt. Sie klirren, wenn Freunde die Köpfe der Brautleute zum Zeichen lebenslanger Zusammengehörigkeit sanft gegeneinander schlagen. Blitzlichter erhellen die geflügelte Figur des Täufers im gedrungenen Gewölbe über den Frischgetrauten.

Die neue Familie stammt aus Kučevište. Das Dorf wird von Serben bewohnt und liegt zwischen der mazedonischen Hauptstadt Skopje und der Grenze zum Kosovo. Unweit von hier, hinter einer niedrigen Hügelkuppe, streckt sich das überfüllte Zeltdorf, das die Nato für die Vertriebenen aus dem Kosovo aufgebaut hat. Doch von all dem bemerkt man in Kučevište nichts. Das Leben geht seinen Gang, als wäre kein Krieg vor der Haustür, der die gemischte Bevölkerung Mazedoniens entzweit. Nur wenn Fremde auftauchen, zerbricht das Idyll.

„Fotografiert hier lieber nicht", hatte der Pope vor der Hochzeit gewarnt, „die Leute halten euch für Spione." Vorsichtshalber präsentiert er uns als Freunde seines Cousins, man weiß ja nie. Draußen vor der Kirche, unter der schütter begrünten Laube, erkundigen sich die Verwandten beim Taxifahrer, woher wir denn wären und welcher der beiden nun der Italiener sei. „Wenn sie von der Nato sind, sollen sie verschwinden", sagt einer.

Der Nussbaumzweig über der Einfahrt zum Haus der Braut in Kučevište ist mit Blumengirlanden geschmückt. Vor dem Tor warten schon Nachbarn und Freunde, dass der Zug wieder von der Kirche zurückkommt. Der Empfang für die ungebetenen Gäste ist eisig, Slatko hat keine Lust, mit uns zu sprechen. Ihm genügt ein Blick, uns denen zuzuordnen, die seinem Volk jenseits der Grenze Schaden zufügen. Ein Wort sagt er dann doch und unterstreicht es mit einem kalten Blick.

„Amerika soll in seinen Grenzen bleiben", beginnt er geradezu diplomatisch. Dann scheint er die Chance zu

Gott, König, Vaterland: Drei gespreizte Finger als trotzige Drohgebärde im mazedonischen Serbendorf Kučevište

Hochzeit in der Dorfkirche Sveti Nikola unweit des großen Flüchtlingslagers von Brazda. „Sie halten euch für Spione", warnt der Pope

wittern, endlich einmal loszuwerden, was sie fühlen in dem Dorf, das zu beiden Seiten von albanischen Siedlungen umgeben ist. „Unsere Gefühle sind dieselben, als wären die Bomben auf unsere Häuser gefallen.“ Jetzt ist die Zunge gelöst, und die Zustimmung der Umstehenden stachelt Slatko an: „Wenn hier ein Pilot abstürzt, überlebt er keine fünf Sekunden“, sagt der 26-jährige Bauer und lacht ohne eine Spur von Lustigkeit. Langsam tröpfeln die Hochzeitsgäste ein. „Weißt du nicht, dass es gefährlich ist, hier herzukommen?“, fragt mit herausforderndem Blick ein Mädchen in kurzem Kleid, das noch keine vierzehn sein dürfte. Dann reckt sie provozierend drei Finger in die Kamera, jenes Symbol der patriotischen Serben, das einst für Gott, König und Vaterland stand.

Neben den Luftangriffen auf ihre „Brüder“ in Serbien haben die Leute von Kučevište auch selbst eine Rechnung offen mit der westlichen Allianz. Drei von ihnen sitzen seit ein paar Tagen im Gefängnis. Sie haben einen Nato-Jeep erst mit Steinen beworfen, dann in Brand gesteckt und zuletzt das Wrack in den Bach geschubst. Die Besatzung konnte gerade noch fliehen. „Französische Soldaten sind ins Dorf gekommen und haben uns beleidigt“, erklärt einer der Umstehenden, was passiert ist. Hier genügt wenig zur Kränkung. „Nato-Soldaten, die hier durchfahren, empfinden wir als Provokation.“ Für sie ist die Nato eine „faschistische Organisation“ und Bill Clinton „ein zweiter Hitler“. „Clinton und seine Soldaten sollen mit Gewehren kommen und mit Messern“, sagt Slatko, „nicht mit Flugzeugen.“ Sein Volk sei gewöhnt, „mit den Türken zu kämpfen“, gegen die Nato würde er es auch mit dem Messer aufnehmen. Die anderen murmeln Zustimmung. „Die Nato kann uns nicht besiegen, wir sind stärker als sie“, sagt er nun, da er sich in Fahrt geredet hat und auch vor Pathos nicht mehr zurückschreckt. „Wir würden unser Leben für den Kosovo geben.“

Wie es in der umkämpften Region weitergehen sollte, daran gibt es für ihn keinen Zweifel: „Egal, wie es endet, Serbien wird den Kosovo nie aufgeben.“ Für die Vertreibungen der Albaner, die den Bombardements vorangegangen waren, hat man sich im Dorf eine praktische Theorie zurechtgelegt. „Die Amerikaner haben die Albaner zu terroristischen Attacken aufgestachelt“, die wiederum hätten die Gegenreaktion der Serben hervorgerufen. „Die Albaner haben unser Volk dort provoziert.“ Dass im Kosovo nach dem Ende des Krieges keine Albaner leben werden, ist für die Leute von Kučevište ausgemachte Sache: „Die sollen sich die Amerikaner als Souvenir ins Weiße Haus mitnehmen“, meint einer und strahlt ob des gelungenen Scherzes.

Und noch ein zweites Resultat wird der Krieg um den Kosovo haben, wenn es nach den Serben von Kučevište geht. „Hier wird ein neuer Obilić geboren werden“, glauben sie. Miloš Obilić hat nach der für die Serben verlorenen Schlacht vom Amselfeld dem türkischen Sultan Murat seinen Dolch in den Leib gerammt und wird deshalb als wichtigster Nationalheld verehrt. Das Mädchen mit dem strafenden Blick und dem kurzen Rock wäre freilich schon mit „einem wie Milošević“ zufrieden. Der serbische Präsident gilt hier als „der einzige Mensch der Welt, der nein zur Nato gesagt hat. Wenn sie Milošević stürzen wollen, müssen sie das ganze serbische Volk töten.“

Blasmusik bei einer Zigeunerhochzeit in Skopje. Die sogenannten Hochzeits- und Begräbnis-Bands spielen dieselbe frenetische Musik, die Emir Kusturica in seinen Filmen einsetzt

Verborgen im Wald neben dem Dorf liegt das Kloster des heiligen Nikolaus. Von außen macht es einen baufälligen Eindruck. Öffnet man das Gittertor, tritt man in einen gepflegten Hof, an den ein weißer Neubau grenzt. Hier wohnt eine junge Nonne mit drei Novizinnen aus Skopje, die noch nicht wissen, ob sie wirklich lebenslang dableiben wollen. In der Kirche bieten sie geknüpfte Kreuze zum Verkauf und kleine Ikonen auf Sperrholz. Ein gutmütiger Wachhund erhebt sich mit Mühe, um wenigstens pro forma seiner Pflicht nachzukommen. Die junge Nonne, die nach langem Zögern doch lieber ihren Namen nicht verrät, ist seit einem halben Jahr hier. Vorher lag Sveti Nikola verlassen. Nur eine Frau aus dem Dorf hatte das Kloster notdürftig erhalten.

Vom Krieg bekommen sie nichts mit, nur der Lärm der Flugzeuge über den Köpfen erinnert daran. „Die Leute, die zu uns kommen, Essen bringen oder um geistlichen Rat fragen, reden nicht vom Krieg", erzählt die junge Nonne. Eine Vorstellung von den Geschehnissen macht sie sich aber doch: „Ich glaube, es geht mehr um Nationalität als um Religion." Für sie beginnt „die richtige Religion im Kloster", vom politischen Gebrauch des orthodoxen Christentums scheint sie sich keine Vorstellung zu machen. Dass ihre Vorstellungen von Glauben nicht mehrheitsfähig sind, ist der fröhlichen Frau unter dem Kopftuch klar: „Die meisten Leute haben keine Ahnung von der Bedeutung des geistlichen Lebens, sie haben eine magische Vorstellung von Religion."

Im Cafe Strk gegenüber der italienischen Botschaft in Skopje. Amerikanischer Jazz rieselt aus dem Lautsprecher, junge Leute sitzen stundenlang bei ein und demselben Getränk. Ums Eck werden in Fachläden Levi's Jeans feilgeboten, und McDonald's hängt seine goldenen Bögen aus. Lemi, eine Deutsch-Dolmetscherin mittleren Alters, scheint von dieser Globalisierung wenig mitbekommen zu haben. Sie hat Angst vor den Albanern im Land, „weil sie aggressiv sind, sich für Adlersöhne halten und immer mehr wollen." Dass jemand in der eigenen Sprache studieren oder beten will, scheint ihr eine „Dummheit". Wer als Albaner leben will, sollte das in Albanien tun, nicht in Mazedonien. „Amerikaner sprechen auch englisch, selbst wenn ihre Muttersprache eine andere ist", behauptet sie. Dass die Häuser der ungeliebten Minderheit größer sind als die meisten mazedonischen Häuser, stört sie und dass die Europäer die Mazedonier vernachlässigen ebenso. „Die Albaner halten sich immer für benachteiligt und zurückgesetzt", sagt Lemi und merkt nicht, dass sie sich gerade selber wortreich über Benachteiligung und Zurücksetzung beklagt hat.

Vor den Toren der Hauptstadt, unweit des serbischen Dorfs und des Klosters Sveti Nikola, liegt Ljuboten. Hier führt Jussuf Rashiti mit seinem Sohn Muhamer einen kleinen Gemischtwarenladen. Sie sind albanischer Abstammung, die Familie lebt schon seit Generationen hier. Der Laden der Rashiti steht auch am Sonntag offen. Kleine Kinder kaufen Süßigkeiten ein, Bauern halten mit ihren Traktoren vor dem zentral gelegenen Geschäft, um noch etwas mitzunehmen oder nur zu erzählen. Langsam quält sich ein städtischer Bus aus dem nahen Skopje um die zu enge Kurve.

3000 Einwohner zählt Ljuboten. Die überwiegende Mehrheit von ihnen sind Albaner, der Rest Mazedonier. Hundert Flüchtlingsfamilien sollen hier untergekommen

Vor dem Abflug nach Dresden. Mit Rüffeln und letzten unfreundlichen Worten begleiteten mazedonische Soldaten die Kosovo-Flüchtlinge zum Flugzeug

sein, erzählt Ibrahim Bela, der Schwager von Muhamer. Mit Frau und Kindern ist er vor einer Woche aus dem Kosovo zu seinen Verwandten geflohen. Er kann Deutsch, weil er ein paar Jahre in Deutschland, im märkischen Kreis gearbeitet hat. Sein Schwager lehnt hinter der Budel und beteuert, hier sei alles wie zuvor zwischen den Mazedoniern im Dorf und den albanischstämmigen Einwohnern. „Hier ist alles gut, bis jetzt." Wie zur Bestätigung hält der Traktor von Ilija Kostovski vor dem Geschäft, unbekümmert davon, dass jetzt nur noch Esel sich um die Kurve zwängen können. Autos kommen ohnedies selten vorbei. Ilija ist Mazedonier und mit Jussuf gemeinsam in Ljuboten aufgewachsen. Jussuf füllt ihm seinen Plastiksack mit Lebensmitteln. Die beiden nutzen die Zeit zum Plaudern, dann schwingt sich Ilija wieder auf den Traktor. „Wir haben ein schönes Leben mit den Albanern", sagt er, fast verwundert über die Frage nach Spannungen im Dorf. „Wir haben zusammen gelebt und werden zusammen leben – unsere Großeltern, die Urgroßeltern und auch unsere Kinder." Es klingt wie eine Beschwörung. „Die Menschen sollten nur Menschen sein, nicht Albaner und Mazedonier. Das können Sie auch meinen Freund fragen", sagt er zum Abschied, deutet mit dem Zigarettenstummel auf das Fenster, hinter dem sich Jussuf zu schaffen macht, und fährt ab. Ungehindert biegen zwei britische Jeeps um die Ecke.

„Wir haben zusammen gelebt und werden zusammen leben": Ilija Kostovski, mazedonischer Bauer

Bombe aufs Dach

Konstantin Varbenov hat nichts gegen die Nato, und das ist erstaunlich. Der junge Bauingenieur bewohnt mit seiner Frau und dem kaum zweijährigen Sohn eine zweistöckige Villa in Gorna Banja, einem noblen Vorort Sofias. Am Abend des 28. April, um 22 Uhr, brachte seine Frau das Kind zu Bett, er selber duschte im Badezimmer im Parterre. Konstantin Varbenov sah das Geschoss kommen als Lichtschein, der auf sein Haus zuflog.

Das Geräusch muss ohrenbetäubend gewesen sein, als die Rakete das Dach durchschlug und auf der anderen Seite wieder hinausfuhr, ohne die drei zu töten. Der Flugkörper hat seinem Name Ehre gemacht. Er heißt im Militärjargon Harm-Missile, was so viel heißt wie Schaden-Rakete. Der Schaden aber hätte eigentlich an serbischen Radareinrichtungen sechzig Kilometer weiter westlich von Herrn Varbenovs Heim entstehen sollen.

Bald stand um das Haus das Baugerüst. Ein gutes Dutzend Arbeiter machten sich in gänzlich unbalkanischer Geschwindigkeit am Gemäuer zu schaffen, kübelt Schutt aus der Wohnung und deckt das Haus provisorisch gegen Regen ab. „Die Regierung zahlt die Reparaturen“, sagt Herr Varbenov. Ob Bulgarien später von der Nato entschädigt wird, weiß er nicht. „Ich habe nichts gegen die Nato, nur gegen ihre Fehler“, sagt er. Zu denen gehört auch die Unhöflichkeit. Das Schweigen der Botschaften jener Länder, deren Rakete irrtümlich das Dach seines Hauses abtrug und den Verputz von der Wohnzimmerdecke bröseln ließ, hat ihn doch erstaunt. Keiner der Diplomaten hatte es der Mühe wert befunden, bei ihm vorbeizuschauen, anzurufen oder wenigstens einen Brief zu schicken.

Die Geschichte der Familie Varbenov ist ein Extrembeispiel, aber kein Einzelfall in Bulgarien. Im Büro der Nachrichtenagentur BTA in Sofia liegt ein silberner Filzstift bereit, mit dem jeweils der letzte Treffer oder besser Fehlschlag der Nato im befreundeten Nachbarland auf der Landkarte eingezeichnet wird. Fünf sind es bisher, und nur durch Zufall kam bisher kein Mensch zu Schaden. Alle fünf

Hitler = Slobodan Milošević: Sprayschrift an der Einfahrt von Sofia, Bulgarien

Turnu-Severin an der Donau. *Der Zusammenbruch von Handel und Verkehr mit Serbien hat in der Grenzregion alles zum Erliegen gebracht*

Lkw-Kolonnen vor der Auffahrt auf die Fähre in Vidin, Bulgarien

Fährschiff von Bulgarien nach Rumänien. Laster müssen den Umweg über Bulgarien nehmen, da die direkte Route von Griechenland nach Norden durch den Krieg versperrt ist

Silberpunkte massieren sich westlich von Sofia, in der Grenzzone zu Serbien.

Im verlotterten kleinen Grenzort Kalotin steht der Hirte Plamen am Straßenrand. Das Kinn stützt er sinnend auf seinen langen Hirtenstab, der unten wie ein Schweizer Alphorn gekrümmt ist. Plamen drückt sein Kofferradio ans Ohr. Nachrichten. Gestern Nacht, erzählt er, hätten ihn um 2.30 Uhr zwei Detonationen aus dem Schlaf geschreckt. Nun kann er den Sender nicht mehr erkennen, der sonst auf dem nahen Hügel auf der serbischen Seite zu sehen war. Weggesprengt. Der Bürgermeister, dem er kürzlich auf der Straße begegnet ist, hatte davon nichts erzählt, doch das wundert Plamen nicht. „Der schläft auch bei der Arbeit."

Der Bürgermeister heißt Ivan Todorov. Sein Büro besteht aus einem Schreibtisch, einem Kanonenofen und einer Sitzgruppe aus den fünfziger Jahren. Beamte, die an Kafkas Schlosspersonal erinnern, schlurfen mürrisch durch den Gang. Ein Bittsteller wartet auf den Bürgermeister. Ivan Todorov vertritt die Interessen von 400 Menschen, die auf sechs kleine, benachbarte Dörfer verteilt leben: Pensionisten hauptsächlich, die sich von den Früchten ihrer Gemüsegärten nähren, Arbeitslose, auch Bauern. Viele haben Verwandte drüben in Dimitrovgrad, das sie hier Zaribrod nennen. Dass die Stadt seit dem Friedensvertrag von Neuilly, 1919, nicht mehr zu Bulgarien gehört, sondern zu Serbien, schmerzt in dieser Gegend bis heute.

Doch von Politik mag hier keiner sprechen. Es liegt eine stumme Angst und Anspannung über dem Dorf. Angst vor den Bomben, Angst vor der Zukunft, die auch vor dem Krieg nicht rosig ausgesehen hatte. Nun ist auch noch der Verkehr ausgefallen. Über der Durchzugsstraße von Sofia nach Niš liegt reglose, unnatürliche Stille, die Rollläden des „Duty-free-shops" sind heruntergelassen, und der Grenzer wacht gelangweilt über die Leere. Wie hoch die Schäden für seine Leute sind, vermag Ivan Todorov nicht zu sagen, „es handelt sich um Schwarzhandel", wie er freimütig zugibt. Zigaretten, Zigarren und sogar Bekleidung waren vor dem Beginn der Bombardements an der Straße oder im Dorf feilgeboten worden.

In Vrabča, zehn Kilometer weiter südlich und immer noch hart an der Grenze, ist wenigstens das Kaufhaus Zdravkovi offen. Raki, Wodka, Nudeln und Salzgebäck gibt es, auch einen kaum erkennbaren Kaffee im Plastikbecher. Simeon und Magdalena Zdravkovi sind Kommunisten. Zwischen dem Heiß- und dem Kaltwasserhahn über dem Waschbecken klemmt schief ein brüchiges Foto von Friedrich Engels. Simeon heißen viele Männer in Bulgarien. Der Name erinnert an den sagenhaften Zaren des bulgarischen Großreichs, das bis heute in manchen Köpfen spukt und den Nachbarn in Mazedonien Angst macht. Ihr Land hatte damals auch zu Bulgarien gehört.

Magdalena sieht den Krieg aus einer ungewöhnlichen Perspektive. Sie muss an die Minderheit im eigenen Land denken. Zehn Prozent der bulgarischen Bevölkerung sind Türken. „Die könnten auch auf die Idee kommen, Autonomie oder Unabhängigkeit zu verlangen", sinniert sie. Auch die Bulgaren in Zaribrod wollten nach dem Beispiel der Albaner plötzlich autonom sein, das hat sie im Fernsehen gesehen. Ein Teil ihrer Familie lebt dort, nur sie hat es hierher verschlagen, weil ihr Vater „über die Brücke gekommen ist", um hier eine

Simeon Zdravkov, Kaufmann und Gastwirt aus Vrabča an der bulgarisch-serbischen Grenze. Hinter dem Wasserhahn klemmt ein ramponiertes Bild von Friedrich Engels

Frau zu nehmen. Auch die Hälfte von Vrabča blieb nach dem Frieden von 1919 auf der anderen Seite der Grenze.

Das Verhältnis zwischen Serben und Bulgaren ist traditionell wenig freundlich. Das große Denkmal auf dem Hauptplatz von Trăn erinnert daran. Zum Gedenken an den Mut einiger „im siegreichen Bruderkrieg mit den Serben im November 1885“ gefallener Offiziere und Unteroffiziere, steht dort. Heute sind die Gemüter abgekühlt. Was den Serben jetzt passiert, stört die Menschen in Trăn, nicht nur weil auch hier im Ort irrtümlich eine Bombe niederging. Über den kleinen Grenzübergang in der Nähe hatte sich ein gewisser Handel mit Serbien entwickelt, auch haben viele Verwandte dort. Abscheu vor Krieg und Gewalt beherrscht die Aussagen der Schüler, die zu Mittag auf dem Hauptplatz erste amouröse Annäherungen versuchen. Ein junger Mann, der mit seiner Freundin auf der Parkbank die Frühlingssonne genießt, ärgert sich, dass immer nur über die Albaner geredet wird. Was ihnen geschieht, ist für die jungen Leute „sadistisch, inhuman“, aber auch der Tod im Zug, in der chinesischen Botschaft, im Hotel ist es. „Ein paar Leute drängen das Land in den Krieg, und die Zivilbevölkerung hat zu leiden“, sagt der Bursche.

Vizebürgermeister Simeon Stoilov versteigt sich sogar zum Wort „Genozid“, wenn er an die Todesopfer unter den Bomben denkt. „Seit auch hier eine Bombe abgestürzt ist und explodierte, ist die Nervosität mit Händen zu greifen“, sagt er. Zu den Albanern meint er zunächst nur vage: „In jedem Land sollten die Menschenrechte geschützt werden.“ Später fügt er an: „Es ist nicht richtig, was sie tun.“ Gemeint sind die Serben. Konstantin Varbenov, dem selber eine Nato-Bombe aufs Haus gefallen war, hatte sich deutlicher ausgedrückt: „Ich finde, dass kein denkender Mensch Milošević unterstützen kann.“

Bulgarischer Bauer auf dem Weg zur Feldarbeit

Am toten Fluss

Die Straße am anderen, serbischen Ufer der Donau liegt verlassen und leer. Nur hin und wieder donnert mit hoher Geschwindigkeit ein Tankwagen vorbei. Er fährt Richtung Osten, zum rumänisch-jugoslawischen Staudamm am Eisernen Tor und weiter Richtung Süden, zur Raffinerie. An der Grenze wird nicht bombardiert, das Risiko ist zu groß. Irrläufer könnten Rumänien treffen oder den monumentalen Damm, der die Donau für die Stromversorgung der beiden Nachbarländer nutzbar macht.

Auch über die gewundene Uferstraße von der rumänischen Hafenstadt Turnu Severin gen Westen holpern Tanker. Sie sind klein, rostig und tragen die Aufschrift Pericol di Foc, Feuergefahr. Sie werden erst in Naidas halten, an den Tankstellen beim ersten Grenzübergang auf festem Land. Dort warten lange Autoschlangen auf Nachschub. Zuvor aber passieren die Tanker Liubcova. Schon der Ortsname lässt keinen Zweifel daran, dass hier die Rumänen in der Minderzahl sind. Zlatenko Ianculovici – die Endung romanisiert den serbischen Namen etwas – steht neben der katholischen Kirche am Friedhof mit Blick auf die Donau und wirkt nicht gestresst. Er ist zwar erst 57, wie wir später erfahren, doch als Buschauffeur bereits in Pension. Mit den Fremden zu reden, scheint er dennoch wenig geneigt. Er habe zu tun. Erst die Idee, im neuen Lokal von Liubcova einen Raki zu konsumieren, überzeugt ihn schließlich.

Raki trinkt man in Liubcova aus dem Wasserglas, auch die kleine Portion, die bei uns für drei große reichte. In den neuen Plastikmöbeln der Gastwirtschaft, zwischen malerisch posierenden italienischen Gipsputten, löst sich Zlatenkos Zunge. Kaum ist die Wirtin draußen, neigt er sich vertraulich herüber und verrät die Geschichte der Frau und wohl auch ihres ungewöhnlichen Wirtshauses. Im Hinterzimmer öffnet sich ein Separee mit Landschaftstapeten und pelzbespannten Hockern. An der Eisenstange auf der Bühne räkeln sich am Wochenende spärlich bekleidete Schöne. Zlatenko weiß, woher das Geld für die Anlage kam. Der Mann der Wirtin, erzählt er, sei einst Militärkommandant gewesen. Eines

Rumänischer Wachtturm an der aufgestauten Donau, der Grenze zu Serbien

Zigeuner im Dorf Liubcova

Krebse fangen im Bach hinter dem Dorf Liubcova am rumänischen Donauufer. Tschechen, Serben und Rumänen leben hier seit Jahrhunderten einträchtig miteinander

schönen Tages wurde er unversehens degradiert und in ein kleines Dorf versetzt. Treibstoffschmuggel.

Krieg und Embargo haben an der Donaugrenze Rumäniens schon während des Bosnienkonflikts neue Einkommensmöglichkeiten eröffnet. Es ist ein riskantes Geschäft. Die Zeitungen berichteten kürzlich von einem jungen Mann, der nachts versucht hatte, mit einem Kahn voller Kanister ans andere Ufer zu gelangen. Er wurde von serbischen Grenzern angeschossen und konnte sich gerade noch auf die rumänische Seite retten. Ob schneller scharf geschossen wird, seit wieder Krieg ist drüben? „Wenn man mit dem Boot kommt, schießen sie, das war immer so", sagt Zlatenko.

Unter Tags wagt kein Schmuggler die Überfahrt. Auf der rumänischen Seite der Donau sind seit Beginn des Krieges die Militärpatrouillen verschärft worden. In Dreiergruppen marschieren die Soldaten die verlassene Uferstraße entlang, verwaiste Militärposten sind wieder besetzt. Die Männer kontrollieren die Pässe der Insassen der Wagen an der Uferstraße und notieren die Autonummer. Auf manchem der düsteren, rostigen Wachttürme aus der Zeit Ceauşescus zeigt sich wieder die Silhouette eines Schützen. Von hier oben aus überblickt man mühelos weite Strecken des breit aufgestauten Flusses. Zu sehen ist freilich nichts. Seit Bomben die Donaubrücken in Serbien zerstört haben, ist die Schifffahrt völlig zusammengebrochen.

In Liubcova selbst merkt man nichts vom Wahn der völkischen Reinheit jenseits des Flusses. Radenko Popović zum Beispiel ist tschechischer Abstammung. Zu Hause spricht er mit seiner Frau immer tschechisch, serbisch beherrscht er auch und als Rumäne natürlich die Landessprache. Wann seine Leute hergekommen sind, kann er nicht sagen. Lange vor dem Ersten Weltkrieg war es jedenfalls, erzählt Radenko. Zwanzig Familien von den 500 Einwohnern von Liubcova sind noch heute Tschechen, die übrigen sind nach dem „Großen Krieg" in die neue Republik der Tschechen und Slowaken gesiedelt, auch Ungarn leben seit dem Zerfall der Monarchie keine mehr hier.

Ende Mai werden die Tschechen aus der Nachbarschaft wieder in Liubcova zusammenkommen und ihr großes Fest feiern. Es wird drei Tage dauern, und der Botschafter hat versprochen, aus Bukarest anzureisen. Auch der Pfarrer, der sonst nur zur Messe ins Dorf kommt, will dasein. Die Tschechen sind katholisch geblieben in ihrer mehrheitlich orthodoxen Umgebung, wie die etwa vierzig Zigeuner, die in Liubcova leben. Serben und Rumänen beten gemeinsam in der orthodoxen Kirche des Örtchens. Wer nicht katholisch oder orthodox ist, gehört zu den Baptisten.

In der achtklassigen Grundschule des Orts kommen alle zusammen. Ana Hanova, die junge tschechische Lehrerin, blättert an diesem Nachmittag mit ihren Kolleginnen und dem Direktor in den Klassenbüchern des Jahres 1927. Die älteren Jahrgänge haben sie schon durchforstet. Das war viel Arbeit. Im September nämlich wird die Schule 225 Jahre alt, zu diesem Anlass wollen die Lehrer eine Dokumentation publizieren. Auch ein Fest muß vorbereitet werden. „Kaiserin Maria Theresia hat unsere Schule gegründet", sagt Bogdan Herdi, der Direktor. Er ist sichtlich stolz darauf. Dass das Gebäude in desolatem Zustand ist, freut ihn weniger: „Wir haben kein Geld, es herzurichten." Unbestimmt schwingt die

Zeugnis aus dem Jahr 1926. Die Lehrerinnen der Volksschule Liubcova bereiten eine Dokumentation vor: 225 Jahre sind seit der Schulgründung durch Kaiserin Maria Theresia vergangen

Hoffnung mit, die unverhoffte Publizität für sein Institut könnte Finanzquellen erschließen.

Dann gibt es Kaffee und Gegenfragen. „Was haltet ihr von dem Krieg?“ Die Lehrerin am Kopf des Tisches hatte bisher geschwiegen und sich demonstrativ ihren Klassenbüchern gewidmet. „Faschismus“ sei das, sagt sie und meint nicht die Vertreibung der Albaner. Auch der Papst, der gerade erst Rumänien besucht hat, entgeht ihrem strengen Urteil nicht. In der Zeitung habe man lesen können, Karol Wojtyła wäre in seiner Jugend Nazi gewesen. Der Hinweis auf die Absurdität der Behauptung scheint sie nicht zu überzeugen.

Hinter Liubcova verschlechtert sich die Uferstraße zusehends. Bagger schremmen die Böschung weg, um Terrain für eine Verbreiterung der Fahrbahn zu gewinnen. Dann zweigt die Grenze nach Norden ab und verlässt die Donau, deren Bett sich in Richtung Belgrad hinzieht. Keine hundert Kilometer trennen uns an dieser Stelle von der Hauptstadt Jugoslawiens. Der erste Grenzübergang, der nicht von der Donau vom Nachbarland getrennt ist, heißt Naidas. Jenseits einer kleinen Talsenke sieht man das Kirchlein von Kaluderovo, davor weht die rumänische neben der jugoslawischen Fahne. Bis zur Durchzugsstraße stauen sich die Autos zurück. Zigeunerinnen bieten den Wartenden Zigaretten und Sonnenblumenkerne feil, die Schlange bewegt sich kaum.

Die Leute fahren nur zu einem Zweck hinüber. Sie schmuggeln Benzin oder Diesel. Wer den Polizisten an der Grenze besticht, kann auch noch den Kofferraum mit Kanistern füllen. Hier in Naidas kostet ein Liter sieben Schilling, drüben elf. Bei Diesel ist die Spanne größer, weil die Bauern ihn für ihre Traktoren brauchen, erzählt Florin, der diese Gepflogenheiten auch aus seiner Heimatstadt Turnu Severin kennt. Dort stehen die Schlangen beim Staudamm, der zugleich die einzige Brücke zwischen Rumänien und Slowenien darstellt. Jenseits warten immer Kunden. Mit einem Schlauch saugen sie den Treibstoff aus dem Tank. Das geht langsam, aber es zahlt sich aus. Entlang der Uferstraße wachsen großzügige Neubauten aus dem Boden.

Benzinschmuggler in Naidas. Mit vollem Tank fahren die Rumänen über die Grenze, drüben verkaufen sie das Benzin und kommen wieder zurück. Zigeunerinnen verkaufen den Wartenden Sonnenblumenkerne

Warum Gänse sterben

Möchte wieder in die Gegend, / wo ich einst so selig war, / wo ich lebte, wo ich träumte, / meiner Jugend schönstes Jahr.“ Deutsch, Rumänisch und Ungarisch steht Nikolaus Lenaus schwermütiges Gedicht unter dem Standbild des Dichters vor dem Bürgermeisteramt im Banater Dorf Lenauheim.

Csatád hieß der Ort, als Franz Nikolaus Niembsch von Strehlenau 1802 hier zur Welt kam, das Dorf gehörte damals zu Ungarn. Heute ist Lenauheim eine Gemeinde im Nordwesten Rumäniens. Nur 15 Kilometer trennen den Ort von der Grenze zu Jugoslawien.

Für Fremde ist die Geburt des Dichters Nikolaus Lenau in dem Dorf das einzige Motiv, die fünfzig holprigen Straßenkilometer von Temesvar hierher zu überwinden. Von den 2600 Banater Schwaben, die einmal hier gelebt haben, sind nur noch wenige Familien da. Fünfzig sind es, verteilt auf drei Dörfer. Wie schadhafte Zähne in einem Gebiss ragen dachlose Torsi aus den Häuserreihen Lenauheims, ihre Eigentümer sind beim großen Exodus vor zehn Jahren nach Deutschland gegangen.

„Zehn Ruinen“ gibt es im Dorf, gibt Vizebürgermeister Lucian Sburlea zu. Auf seiner Kommode steht ein kleiner Karl Marx aus Blech, „überreicht von der Bezirksleitung Gera der Sozialistischen Einheitspartei Deutschlands“. An der Wand hängen frische Plakate für die Präsidentenwahl. „Wir müssen mit wenig Geld auskommen“, sagt er und klopft auf den altmodischen Tresor. Das Budget ist knapp und wird nur hin und wieder durch ausländische Hilfe aufgebessert. Die „Südsteirische Rumänienhilfe“ läßt gerade um zwei Millionen Schilling Fließwasser im Ort installieren, die Anlage soll bald eröffnet werden. Den allgemeinen Verfall, eine Spätfolge der kommunistischen Eigentumspolitik, wird auch die großzügige Hilfe nur bei großer Zähigkeit und Kontinuität aufhalten können.

Wer unter Ceauşescu wegging, mußte mit dem Pappenstiel zufrieden sein, den die Regierung damals für die verlassenen Häuser zu geben bereit war. Nach dem Sturz des Regimes konnten die Übersiedler über den Preis immerhin

Die barocke Begräbniskarosse führt bis heute Tote zum Friedhof

verhandeln. Dann kamen die Neuen, Rumänen meistens. Die verlassenen Häuser wurden Frischvermählten zugewiesen oder vermietet. Heute leben nur noch 1600 Menschen in Lenauheim, unter ihnen 150 Zigeuner. „Pöbel aus dem ganzen Land“ sei in sein Dorf gekommen, sagt August Griebel. In einem freundlicheren Moment fügt er hinzu: „Wir kommen gut aus miteinander.“

Herr Griebel führt mit seiner Frau eine kleine Landwirtschaft und fungiert nebenbei als Administrator der katholischen Gemeinde im Ort. Alle zwei bis drei Wochen einmal kommt der Pfarrer aus Lovrin her und feiert mit ihnen Gottesdienst in der Kirche, die einst Maria Theresia gestiftet hatte. Die Orthodoxen haben ihren Popen im Dorf. „Wir bleiben hier, wir sind ja hier geboren“, erklärt August Griebel, warum sie ausharren. Dass die anderen Lenauheimer, die auch hier geboren sind, trotzdem heute in Deutschland leben, kann daran nichts ändern.

Bald wird auch Elfriede Hockl „dort“ sein. „Hier gibt es keine Zukunft mehr für die Kinder, keinen Kindergarten mehr, keine Schule“, erläutert die junge Frau ihren Schritt. Sie hat etwas übertrieben in ihrer Resignation. Schule und Kindergarten gibt es in Lenauheim, und die Südsteirische Rumänienhilfe unterstützt sie auch. Nur deutsche Klassen zahlen sich nicht mehr aus, dafür gibt es zu wenig Kinder. Nur noch Jimbolia, früher auch Hatzfeld genannt, leistet sich einen deutschsprachigen Klassenzug, aber das ist zu weit zu Fuß. Noch hütet Frau Hockl den Schlüssel zum Lenau-Museum und führt das Gästebuch. Die erste Eintragung stammt aus dem Jahr 1967. Vergilbte Ausschnitte aus der Banater Zeitung hängen an der Wand, Bilder des Dichters und seiner Freunde, faksimilierte Handschriften. Ein paar Büsten halten die Erinnerung an den berühmtesten Sohn der Gemeinde wach. Im linken Trakt des geräumigen Museums steht ein Zug von Puppen in den traditionellen Uniformen der Banater Deutschen. In den sechziger Jahren hatte jedes Dorf ein Modellpaar in die örtliche Tracht gesteckt und dem Museum geschenkt. Seit 1993 findet der traditionelle Kirchtag nur noch in dieser Vitrine statt.

Wenn Elfriede Hockl vom Krieg erzählt, fallen ihr die kranken Kühe und toten Gänse ein. Sie sind am Gift gestorben, das nach dem Bombardement der Chemiefabrik in Pančevo aufstieg, „sagen die Alten“. Nachts hört man Flugzeuglärm und „das Vieh ist nicht mehr so wie früher, sagen die Alten“. Auch Alexandru Oras, der nicht alt ist, sagt das und dreht dazu nachdenklich ein zu früh verdorrtes Blatt seines Apfelbaums zwischen den Fingern. Auch die Paradeiser sind ihm eingegangen, klagt er. Herr Griebel, der nicht mehr jung ist und gegenüber der Oras-Familie wohnt, hält solche Reden für Humbug. „Die Gänse sterben jedes Jahr, wenn der Mais ausgesät wird.“ Das habe nichts mit dem Krieg in Jugoslawien zu tun, sondern mit dem Kampf gegen Schädlinge. Die Maschinen, die zur Mais-Aussaat verwendet werden, verlieren auf dem Weg zum Acker Körner. Die picken die Gänse auf und gehen daran ein. Die Körner sind nämlich vergiftet, um sie vor Schädlingsbefall zu schützen, erklärt Herr Griebel. Was die Paradeiser betrifft, so hat der Landwirt ein einfaches Gegenargument: seine eigenen. Sie stehen in vollem Saft und versprechen gute Ernte. Und der Apfelbaum? „Der müsste eben gespritzt werden“, rät August Griebel dem Nachbarn mit leichtem Hohn in der Stimme.

Der deutsche Bauer August Griebel mit seiner Frau: „Wir kommen gut miteinander aus", sagt er über die nach dem deutschen Exodus neu zugezogenen Bewohner von Lenauheim

Neben dem Lenau-Museum wohnt Viorel Uibariu mit seiner Frau Clemansa. Viorel verfolgt die Nachrichten vom Krieg mit Skepsis. Er hat einmal ein paar Tage in den USA gelebt und von dem Aufenthalt bleibende Eindrücke mitgebracht. „Die Schwarzen haben auf der einen Seite der Straße gewohnt, die Weißen auf der anderen. Weiße haben nicht in den Geschäften der Schwarzen eingekauft und umgekehrt“, erinnert sich der alte Mann. „Die Amerikaner sind nicht fair“, ist sein Schluss aus diesen Beobachtungen. „Sie sprechen nicht von ihren eigenen Problemen.“ Seine Tochter Alina hält einen drastischen Vergleich zwischen dem Dorf und dem Kosovo bereit: „Das ist, als würden die Deutschen die Rumänen aus Lenauheim drängen“, sagt sie und fügt an: „Die Serben sind ein seltsames Volk, sie haben einen etwas primitiven Patriotismus.“

Hätte sie einen Computer samt Internet-Zugang, sie könnte sich mit eigenen Augen davon überzeugen, dass solche Verallgemeinerungen gefährlich sind. Gibt man den Suchbegriff „Lenau“ ein, öffnet sich eine Homepage der Universität Belgrad. Wer von hier weiterklickt, gelangt zu einer Auswahl melancholischer Lenau-Gedichte, liebevoll zusammengestellt von Studenten und Professoren der Universität der Hauptstadt des bombardierten Nachbarlands, etwa dieses:

An die Entfernte

Diese Rose pflück ich hier,
In der fremden Ferne;
Liebes Mädchen, dir, ach dir
Brächt ich sie so gerne!

Doch bis ich zu dir mag ziehn
Viele weite Meilen,
Ist die Rose längst dahin,
Denn die Rosen eilen.

Nie soll weiter sich ins Land
Lieb von Liebe wagen,
Als sich blühend in der Hand
Läßt die Rose tragen;

Oder als die Nachtigall
Halme bringt zum Neste,
Oder als ihr süßer Schall
Wandert mit dem Weste.

„Hier gibt es keine Zukunft mehr für die Kinder": Straße in Lenauheim

Sechs Schaufeln Sand

Das „Hotel Blau" im Grenzort Tompa, der letzten Siedlung vor der ungarisch besiedelten serbischen Provinz Vojvodina, ist sonst in dieser Jahreszeit nicht gerade überfüllt. Seit Bomben auf das Nachbarland fallen, ist es schwer geworden, in dem blauen Komplex nahe der Grenze zwischen Ungarn und Jugoslawien unterzukommen.

„Die Leute kommen für ein paar Tage aus Jugoslawien, viele fahren dann wieder zurück", erzählt die Kellnerin. „Nicht nur Serben, auch Albaner haben wir unter unseren Gästen – wenigstens im Hotel können sie zusammen sein", sagt das Mädchen. Vor dem Bus steht seit vielen Tagen ein Bus aus Priština, den hat sein Besitzer hierher in Sicherheit gebracht.

In den frühen Morgenstunden haben sich ein paar Gäste zum Frühstück eingefunden. Eine ältere Dame versucht, ihre zwei Enkelkinder in Schach zu halten. Sie stammt aus Belgrad und wohnt schon seit einigen Wochen im Hotel Blau, obwohl das Zimmer pro Nacht 40 Mark kostet. „Sie bekommt es billiger, weil sie so lange hier ist", erklärt das Mädchen an der Bar. Mit den Westlern zu reden verweigert sie brüsk. Albaner sind derzeit keine im Haus, aber am Tresen sitzt Tomas, der ist Zigeuner. Tomas stammt aus Pančevo und ist vor fünf Jahren nach Italien ausgewandert. „Ich vergess' Jugoslawien", sagt er. Er ist nur zurückgekommen, um seine kleine Tochter herauszuholen, zu sich nach Padua. Weil er aber damals desertiert ist, kann er nicht selber hinfahren. Ein Freund hat die letzte Etappe allein gemacht.

Tompa, das Dorf zwischen dem Hotel Blau und der Grenze, feiert indessen Erstkommuniontag. Von den 5000 Einwohnern sind ein paar hundert in die Kirche gekommen. Weiße Blüten säumen den roten Teppich im Mittelgang, die Mädchen stehen bräutlich gekleidet um den Altar, den Haarkranz eng geflochten, die Hände streng gefaltet.

Die Leute in Tompa sind in Kampfstimmung, auch nach einem Gottesdienst. Ihr Gegner ist die Leiterin der Zollbehörde am nahen Grenzübergang. Die resolute Frau ließ sich vor ein paar Tagen eine Methode einfallen, wie sie effektiv den regen Schmuggel zwischen Tompa und Subotica jenseits der Grenze unterbinden könnte. Sie verlangt einen

Mindestaufenthalt von 24 Stunden von jedem, der mit zwei Stangen Zigaretten nach Ungarn zurückkommt. Damit zahlt sich der illegale Kleinhandel nicht mehr aus. Inzwischen könnte sich allerdings auch die Zöllnerin schon gefragt haben, ob die Strenge dafürsteht. Ihre Kinder müssen seither unter Polizeischutz zur Schule gehen, sie selber findet Drohbriefe im Postkasten. Leute fragen sie offen, wie lange sie denn noch hier zu wohnen gedenke.

In den letzten Wochen ist Treibstoffhandel die wichtigste Einnahmequelle im Ort geworden. Fünf bis sechs Mark bekommt man drüben für einen Liter Diesel, erzählen die Leute. Mancher Ungar hat seinen Tank umgebaut, damit er mehr fassen kann. Diesseits der Grenze zahlt er knapp zwei Mark, die kurze Fahrt zahlt sich jedenfalls aus. Wenn er zuvor noch ins nahe Rumänien tanken fährt, wird die Spanne noch größer – dort kostet ein Liter weniger als eine Mark.

Die Richtung des Sprit-Transports hat in den letzten Jahren mehrfach gewechselt, lukrativ war der Handel immer. Vor dem Krieg hatte der Treibstoff in Jugoslawien weniger gekostet als in Ungarn, da haben die Leute von Tompa drüben eingekauft und diesseits der Grenze ihre Tanks wieder ausgesaugt. Auch Spirituosen versprachen gute Geschäfte. Ein gefälschter Napoleon-Cognac, in Jugoslawien in grüne Ein-Liter-Flaschen abgefüllt, erzielte in Ungarn 200 Forint, heute knapp zwei Mark. Drüben hatte er 80 Forint gekostet. Das war vor fünf Jahren. Heute gibt es den Fusel nicht mehr.

„Man merkt, dass die Leute Angst haben“, sagt Pfarrer Gabor Rónaszèki. „Man hört die Sirenen aus Subotica herüber und manchmal einen Einschlag.“ Vor ein paar Tagen haben Nato-Bomber die Eisenbahnbrücke zwischen Horgoš und Subotica zerstört, die Verbindung zwischen dem ungarischen Szeged und Novi Sad ist unterbrochen. Ob seit dem Krieg mehr Menschen in den Gottesdienst kommen als vorher? „Nein, so viel Angst haben sie auch wieder nicht“, sagt der Pfarrer und lacht. Mit den Serben in der Gegend gibt es keine Probleme – „die leben genauso wie die Ungarn“.

György Teimel drückt sich weniger diplomatisch aus. Von dem ungarischen Taxifahrer ein gutes Wort über Serben zu hören, ist so gut wie unmöglich. „Sie hassen uns und haben uns immer gehasst“, sagt er. Als professioneller Fahrer kann er stundenlang Schauergeschichten von der Polizei „drüben“ erzählen. Die verlange ein Abschleppseil von sieben Meter Länge, weiß György zu berichten. Hat es nur sechs oder im Gegenteil acht Meter – „zwanzig Mark“. Ist es in Ordnung, verlangen die Beamten vom Fahrer das Mitführen von sechs Schaufeln Sand – „um bei einem Unfall Blutlachen bedecken zu können“ – andernfalls 20 Mark. Oder sie fordern einen „Totensack“ für etwaige Opfer des Straßenverkehrs. „Vor dem Krieg haben sie den Preis auf bis zu 50 Mark gesteigert“, erzählt Herr Teimel. „Unsere haben dann begonnen, dasselbe mit Fahrern jugoslawischer Autos zu machen.“

Für Herrn Teimel hat der Krieg auch seine Vorteile. Zufrieden merkt er an, nun würden in Szeged viel weniger Autos geklaut. „90 Prozent der gestohlenen Wagen gingen früher nach Jugoslawien“, sagt Herr Teimel und setzt seine schnittige Sonnenbrille auf. Sie erinnert an die schillernden Spektralaugen einer Fliege. Die Brille hat er zum Täuschen der Zigeuner gekauft, die manchmal mit ihm fahren wollen und eigentlich nur seine Brieftasche suchten. „Dann sehen sie nicht, wo ich hinschaue“, sagt er und grinst listig.

Serben im „Hotel Blau“ an der ungarisch-serbischen Grenze. „Auch Albaner haben wir unter unseren Gästen – wenigstens im Hotel können sie zusammen sein“, sagt die Barfrau

Bei den Wiedergängern

Gesiebt fällt das Sonnenlicht durch die von Granatsplittern perforierten Gartentore von Vukovar. Die offenen Fensterhöhlen der leeren Häuserfronten werfen helle Muster auf die verlassene Straße. Blühender Holunder sprießt zwischen zerborstenen Holzdecken und droht die Reste der ostslawonischen Ruinenstadt zu verschlingen. Die Zeichen der serbischen Četnik-Bewegung an den Wänden, vier S um ein Kreuz gruppiert, hat niemand übermalt.

Die Stadt wird seit dem Krieg von 1991/92 mehrheitlich von Serben bewohnt. Die langsam zurückkehrenden Kroaten haben diese Symbole der Aggression nicht entfernt. Sie haben andere Sorgen – dieselben wie ihre Nachbarn und einstigen Kriegsgegner.

8000 Serben wohnen etwa in der Stadt. 4000 Kroaten sind nach Vukovar zurückgekehrt, seit die Uno Mitte Jänner 1998 das Gebiet verlassen hat. Das ist insgesamt gerade ein Viertel der einstigen Bevölkerung. Außerdem halten sich noch OSZE-Beobachter in der Grenzstadt an der Donau auf, internationale Polizeieinheiten und EU-Beobachter. Die unterscheiden sich von den Bewohnern der Stadt vor allem dadurch, dass sie Arbeit haben. 80 Prozent der Bewohner von Vukovar haben keine.

Bürgermeister und Vizebürgermeister sind trotz der aktuellen Mehrheitsverhältnisse im Ort Kroaten. Wer einmal hier wohnhaft war, blieb wahlberechtigt, und die Exilanten ließen ihr Recht nicht ungenützt. So sitzt nun neben dem Kroaten Vladimir Štengl der Kroate Stipo Šermet als Vizebürgermeister in dem Betonblock gegenüber dem Markt. Außen sind die Einschusslöcher nur notdürftig zugekleistert, doch das ist mehr, als man von den meisten übrigen Häusern sagen kann. Wo ein Gebäude fertig renoviert ist, hängt die kroatische Fahne drauf. Es hängen wenige Fahnen in Vukovar.

Stipo Šermet ist kein Schönredner. Fragt man ihn nach dem Zusammenleben der beiden Völker, die sich in dieser Grenzstadt die blutigste Schlacht des ganzen Kroatien-Kriegs geliefert hatten, sagt er nur: „Es muss gehen.“ Konkret heißt

Durchsiebtes Partisanendenkmal vor Kaufhausruine in Vukovar

Berak, Kroatien: „Wir wollen die Wahrheit", haben die Hinterbliebenen auf den Zettel am Betonkreuz geschrieben. Fotos erinnern an die 29 vermissten Kroaten aus dem Dorf

Leere Fassaden

brechen die Sonne,

Holunderstauden

wuchern auch fünf

Jahre nach dem

Ende des Krieges

noch aus den

Ruinen der Stadt

Vukovar

Wasserturm und Bushaltestelle am Rande der Stadt: Die kroatische Fahne auf dem verwüsteten Bauwerk ist der einzige Farbfleck in der trostlosen Umgebung

Tito und Lenin. Verstaubte Gipsbüsten der prägenden Gestalten der Vergangenheit auf dem Dachboden des kriegszerstörten Schlosses des Grafen Eltz in Vukovar

das, man lebt aneinander vorbei. Jeder geht in sein Gasthaus, kauft bei seinem Gemüsehändler auf dem Markt die Zwiebel, und wenn es sich vermeiden lässt, vermeidet man sogar den Gruß.

Die Trennung gilt auch für die Toten. Kroaten haben am Donauufer, direkt gegenüber der serbischen Westgrenze, demonstrativ ein mächtiges weißes Steinkreuz errichtet. Daneben weht die Fahne, Blumen und Kerzen erinnern an die jungen Gefallenen und die zivilen Toten der Kroaten, die im Granatenhagel umkamen. Am anderen Ende des Ortes, gleich neben dem alten orthodoxen Friedhof, hat die serbische Gemeinde Vukovars ihre gefallenen Kämpfer bestattet. Die jungen Gesichter auf den Marmorstelen blicken nach Osten, in Erwartung des Messias. Einstweilen sieht man dort nur die Ruinen einer katholischen Kirche.

Relativ intakt scheint die orthodoxe Kirche von Vukovar. Doch der Schein trügt. Unter dem leuchtenden neuen, roten Dach klafft ein tiefes Loch im Deckengewölbe. Ein kaputtes Harmonium steht im Eck des im österreichischen Barockstil erbauten Gotteshauses, Kerzen stecken in achtlos auf den Boden gestellten Blechkisten im Sand. Die spärlich besuchten Gottesdienste finden einstweilen im „Srpski Dom", im Serbischen Haus nebenan, statt.

Der Pope, Iovan Radivojević, ist erst 25 Jahre alt und lebt mit seiner Familie im roten Ziegelrohbau neben der Kirche. „Viele Serben haben Angst, hinausgeworfen zu werden, wenn die Kroaten zurückkommen", sagt er. „Wir werden ..." – anstelle eines Wortes macht er mit dem Fuß eine Bewegung, als würde er eine Zigarette austreten. Versöhnung? „Ich sage meinen Leuten immer, dass sie lieben sollten. Aber ich sehe an den Gesichtern, dass es schwer sein wird", erzählt der junge Geistliche, während er seinen einjährigen Sohn Nikolaj davon abhält, den Orangensaft über den Teppich zu gießen. „Es ist viel Hass auf beiden Seiten. Wir werden schwer miteinander leben können", sagt Vater Iovan.

Die Kriege auf dem Balkan als Religionskriege zu interpretieren kommt ihm absurd vor: „Albanien will den Kosovo", lautet seine Erklärung. Und der Krieg zwischen seinem Volk und den Kroaten? „Die Kroaten wollten Groß-Kroatien, die Serben Groß-Serbien." Welche der beiden Positionen die gerechtere ist, scheint für den Popen ausgemacht, zumindest was Vukovar betrifft: „Diese Region war historisch immer serbisch, und jetzt sagen die Kroaten, dass hier nie Serben gelebt haben."

Der Streit um die Geschichte tobt auch in der Schule. Serbische und kroatische Kinder gehen zwar nicht mehr bei verschiedenen Eingängen ins Schulgebäude, aber sie lernen in getrennten Klassen. Die ideologisch heiklen Fächer – Geschichte vor allem oder Kroatisch respektive Serbisch – vermitteln den Schülern unterschiedliche Lehrbücher. Die krampfhafte Unterscheidung zwischen den beiden nahezu identischen Idiomen hat in der Nachkriegszeit schon groteske Blüten getrieben. Das kroatische Fernsehen zeigte gar einen serbischen Film mit kroatischen Untertiteln.

„Es gibt große Angst vor Rache", sagt Pater Iovan und drückt auf die Fernbedienung seines Videorekorders. Die schwankende Amateuraufnahme zeigt Einschlaglöcher zweier Handgranaten in seinem Gemüsegarten, unterlegt mit orthodoxer Kirchenmusik. Die Sprengkörper explodierten vor Weihnachten 1997, die Täter wurden nie ausgeforscht.

Die Symbole der serbischen Četnik-Bewegung vergilben langsam an den Wänden der Ruinen

„Ich habe kein Vertrauen in die Polizei“, sagt der Geistliche. Dass am Vortag unweit von Vukovar ein Serbe von einem Kroaten erschossen wurde, erhöht die Spannungen noch. Es war der erste möglicherweise ethnisch motivierte Mord seit dem Abzug der Uno. Die Sicherheitskräfte beruhigen: „Die Kriminalitätsstatistik ist hier besser als in anderen Teilen Kroatiens oder Europas“, meint der irische Polizeikommissar Declan Brogan, der für die OSZE die Abwicklung der jungen Friedensordnung überwacht.

Der verfilzte Wuschelkopf von Robert Konrad wäre dem kurzgeschorenen Iren in Uniform wohl schon von ferne verdächtig erschienen. Der Steirer ist freilich ungefährlich. Als Zivildiener arbeitet er bei der „Youth Peace Group Danube“ mit. Yogakurse, Foto-, Video-, Sprachkurse und andere unverfängliche Aktivitäten sollen junge Serben und Kroaten zusammenführen. Die Gruppe hat immerhin vierzig Mitglieder. Als die Bomben fielen, schien ihm plötzlich alles vergeblich gewesen. „Friedensarbeit ist so ein mühsamer Prozess und so leicht zu zerstören.“

Berak, wenige Kilometer von Vukovar entfernt, ist ein gutes Beispiel für die Verletzlichkeit des jungen Friedens. Am Ende der Hauptstraße des Dorfs steht ein Betonkreuz aus Sichtbeton. Es ist neu und erinnert an die Opfer des Krieges, der 1991/92 die Region verwüstet hat und zahlreiche kroatische Familien ins Exil zwang. Etwas abseits vom Kreuz glosen dicke Holzscheite, ein paar Polizisten und Frauen wärmen sich an der Glut. Ein Gasherd versorgt die Wartenden mit Essen, Fanta-Flaschen stehen umher und Decken liegen bereit. Es ist kalt trotz des fortgeschrittenen Frühlings. „Wo sind unsere Lieben?“, fragt das violette Transparent neben der Gruppe, die hier seit 7. Mai ausharrt. Am Kreuz haben sie die Liste der Toten angebracht, von denen die eigenen Familien nicht wissen, wo ihre Körper hingekommen sind. Zwei schwarze Fahnen hängen vom Kreuz, ein Karton erläutert, was die Demonstration erreichen will: „Wir wollen die Wahrheit.“ Die Wahrheit, um die es den seit Abzug der Uno im Vorjahr nach Berak zurückgekehrten Kroaten geht, ist längst verwittert. Vor einer Woche hat die staatliche kroatische Kommission in einem Acker vor dem Dorf 13 Leichen ausgegraben und in die Hauptstadt zur Untersuchung gebracht. Noch steht nicht fest, wer die Toten sind, ob sie zu den 29 Vermissten zählen, deren hier beim Kreuz gedacht wird, oder ob die Familien weiter auf Gewissheit warten müssen.

Von dem Haus, das einst auf der Wiese hinter dem Kreuz stand, ist nicht viel geblieben. Hohes Gras schießt auf, wo man früher zum Keller hinuntergestiegen ist. „Hier haben sie die Männer hinuntergeschleppt, wir Frauen waren im Nebengebäude“, erzählt Andja Kujmdžić, die vor Jahren in Feldkirch gearbeitet und Deutsch gelernt hat. „Das ist mein Mann, da ist sein Bruder und sein Vater“, sagt sie und weist auf die Reihe von Fotos, die vor dem Kreuz steht. Verwaschene Kopien zeigen zwei junge Männer und das gefurchte Gesicht von Jakub Kujmdžić. Alle drei waren hier eingesperrt, zusammen mit 99 anderen Dorfbewohnern. Alle drei sind nie mehr aufgetaucht, wie viele andere auch. Die Verwandten wollen nun von den im Dorf verbliebenen Serben wissen, wo sie die Ermordeten verscharrt haben.

Mara Kujmdžić, die Witwe nach Jakub, wohnt am anderen Ende des Dorfes. Ehe sie vom Krieg erzählt, schluckt

Damir Ivanović vor den zerschossenen Jalousien des „Center for Peace and Legal Advice" in Vukovar: „Ich bin unter Jugoslawen aufgewachsen, niemand hat nach der Nationalität gefragt"

sie rasch eine Beruhigungstablette. Dann holt sie aus dem Nebenzimmer Fotos von ihrem Mann und den beiden toten Söhnen. Sie hat Anstecknadeln daraus fertigen lassen, die heftet sie immer an ihre schwarze Jacke, ehe sie sich auf den Weg zum Kreuz macht. Dort warten gegen fünf Uhr am Nachmittag schon ein paar Dutzend Angehörige und fast so viele bezahlte Beobachter. Wagen von der OSZE stehen neben dem Kreuz, EU-Monitoren und die Autos der lokalen Polizei. Auch das kroatische Fernsehen ist gekommen, um den stillen Protest der Zurückgekehrten zu dokumentieren.

Den internationalen Organisationen, die den Prozess der Normalisierung in der Gegend unauffällig beobachten und überwachen sollen, sind die täglichen Kundgebungen ein Dorn im Auge. Sie fürchten, das Beispiel könnte Schule machen und das labile Gleichgewicht in der ganzen Region gefährden. Es ist schwer genug, die Rückkehr der Vertriebenen zu organisieren. In Berak musste man schon von den eigenen Spielregeln abweichen und schwerwiegende Zugeständnisse machen. Die sonst paritätisch besetzte Polizei ist heute kroatisch dominiert – um die Situation nicht noch weiter aufzuheizen.

Den Ort ihrer Gebete und Proteste haben die Frauen mit Bedacht gewählt. Das Kreuz steht nicht nur vor dem Schauplatz der Leiden, sondern auch vor dem unversehrten Haus einer serbischen Familie. Heute wohnt nur noch eine alte Frau hier. Sie hatte einst fünf Söhne. Sie sind alle tot. Zuvor aber waren sie am Gemetzel im Nebenhaus beteiligt, davon sind die Kroaten überzeugt. Ein paar Häuser weiter weg vom Kreuz wohnt Stipo Garvanović. Vor seinem Haus tummelt sich Polizei. Ein paar Schaulustige stehen auf dem verwilderten Grundstück auf der anderen Straßenseite umher. Wo die Wiese niedergetreten ist, deutet ein Mäuerchen die alte Zisterne an. Auf dem Grund liegen ein jugoslawischer Armeehelm und Müll aller Art. Stipo Garvanović aber weiß, dass hier noch mehr zu finden ist: die Überreste seiner Mutter und seines Bruders. Zeugen haben das schon bald nach der Tat zu Protokoll gegeben und schaurige Details hinzugefügt. Bei lebendigem Leibe habe man den beiden Arme und Beine abgehackt, die Torsi dann in die Zisterne geworfen. Dass wirklich Tote in der Zisterne liegen, hat die Regierungskommission aus Zagreb schon bestätigt. Nun wartet Stipo darauf, dass deren Reste ans Licht geholt und würdig bestattet werden.

„Wenn er getrunken hat, zieht er sich seine Uniform an und geht auf die Straße Serben provozieren“, erzählt Mara Čubrilo. Ihre Familie hat den Krieg ohne Opfer überstanden, sie selbst lebte damals in Deutschland. Doch seit sie wieder in ihr Dorf zurückgekehrt ist, gibt es kaum ein anderes Thema als die Toten. Auch sie möchte von den nach Abzug der Uno im Vorjahr im Ort verbliebenen 68 Serben wissen, was sie mit ihren Opfern gemacht haben. Mehr nicht. „Dann können wir wieder miteinander leben.“

Die Serben im Dorf trauen solchen Aussagen nicht. Zwei Familien haben seit Beginn der Proteste schon den Ort verlassen, andere nehmen Polizeischutz in Anspruch. Vor ein paar Tagen wurde ein serbischer Polizist „nahezu gelyncht“, wie ein internationaler Beobachter berichtet. Drohungen und Einschüchterungsversuche gehören zum Alltag für die serbischen Familien, die in Berak geblieben sind. Dass die Serben während der Jahre der Besetzung des Orts die Kirche

Als wäre der Krieg gestern zu Ende gegangen: Noch fehlen die Mittel, diese völlig zerschossene Kirche wieder instand zu setzen

zur Diskothek gemacht hatten und die Sakristei zum WC, fügt der Empörung noch eine religiöse Komponente hinzu.

Der Platz vor der Kirche, die in den siebziger Jahren auch mit internationalen Spendengeldern aufgebaut worden war, birgt noch ältere Gräuel. Hier liegen die Körper von ermordeten Donauschwaben verscharrt, die bis zum Zweiten Weltkrieg in Berak gelebt haben. Sie hatten einst die Hälfte der Bevölkerung ausgemacht.

Kartenspieler auf dem Marktplatz von Vukovar: Serben kaufen bei Serben, Kroaten bei Kroaten, und wenn es sich vermeiden lässt, vermeidet man auch noch den Gruß

Kinderträume

Umgeknickte Bäume ragen rechts und links der provisorischen Grenzbrücke aus der breiten Save-Au. Die SFOR-Bewacher haben sich zwar zurückgezogen, doch ein Schild droht noch mit schweren Konsequenzen für den Fall der abermaligen Zerstörung dieses wichtigen Verbindungsstücks zwischen Kroatien und Bosnien. Bosnien? Mitten auf der Brücke steht ein Schild, das den Eintritt in einen ganz anderen Staat ankündigt: „Republika Srpska", der Name des nicht als Staat anerkannten serbischen Teils Bosniens.

Unter diesem Namen haben die Serben Bosniens ihre eroberten Gebiete zusammengefasst. Hier in Brčko, der Grenzstadt, stoßen die beiden Teile der fiktiven Republik zusammen, was den Ort zum strategischen Angelpunkt für alle drei Ethnien des Landes aufwertet. Sowohl die Kroatisch-bosnische Föderation als auch die Serben beanspruchen die Stadt, die Uno hat ihr jedoch einen eigenen Status gegeben und einen Hochkommissär bestellt, der das friedliche Zusammenleben garantieren soll.

Der Grenzer drückt den wohl seltsamsten Stempel der Welt in den Pass: „Brčko" steht darauf zu lesen, der Name der Stadt an der Brücke. Kein Wort oder Symbol verrät, in welches Land der Reisende kommt. Die Erklärung ist einfach. Republika Srpska darf nicht draufstehen, weil es die als eigenen Staat nicht gibt, und Bosnien wollen die Serben nicht draufschreiben. Also gar nichts. Wo das Herz schlägt, verrät allerdings spätestens die Hotelrechnung. Die wird in Dinar ausgestellt, der Währung Serbiens. Zwar kann man mühelos mit Deutscher Mark oder der äquivalenten bosnischen Landeswährung „Konvertibilna Marka" zahlen, aber erst nach dieser Demonstration des Patriotismus.

Im Zentrum Brčkos stehen ein paar gepanzerte Militärfahrzeuge umher. Eine schwarze Amerikanerin sitzt auf dem Panzerturm, daneben Andrej, ein bleicher Russe. Sie gibt ihm Feuer. Außer Rauchen ist nichts zu tun an diesem trägen Wochentag. Die SFOR-Truppen haben heute ihren Wachposten nur wenige Meter neben einer Kaserne der Soldaten der „Republika Srpska" errichtet, als wäre diese

Sanel Ćehajić hat immerhin ein Bett in der kleinen „Sommerküche", die der Familie geblieben ist. Ihr Haus ist besetzt von einem Serben, der sich weigert, dem polizeilichen Räumungsbefehl nachzukommen

Nachbarschaft die normalste Sache der Welt. Aus den Lautsprechern der Cafés dröhnt amerikanischer Pop, und die beliebtesten Laufschuhe heißen hier Nike. Doch die Anzeichen friedlichen Miteinanders täuschen, und Familie Ćehajić aus dem nahen Ort Bijeljina ist ein Beispiel dafür.

Die Eltern Ćehajić haben eine Vorliebe für die Buchstabenkombination Anel. Ihr ältestes Kind heißt Anela, das zehnjährige Sanel und die Jüngste Sanela. Sanela ist im deutschen Jena zur Welt gekommen. Dort lebten ihre Eltern und Geschwister seit Ausbruch des Bosnienkrieges im Frühjahr 1992. Später siedelten sie nach Augsburg über. Bis eines Tages ein Brief der Ausländerbehörde des Landesratsamtes Augsburg im Briefkasten lag. „Sanela Ćehajić", stand in dem Schreiben, „künftig ‚Betroffene' genannt, ist entsprechend der zwischen Bund und Ländern abgestimmten Bürgerkriegsflüchtlingsregelung verpflichtet, die Bundesrepublik Deutschland bis spätestens 31. Dezember 1997 zu verlassen." Ähnliche Schreiben erhielten die anderen Familienmitglieder, „gebührenfrei", wie das Amt betont.

Familie Ćehajić kommt aus Bijeljina, einer kleinen Stadt im Nordosten Bosniens. Das Land stößt hier sowohl an Serbien als auch an Kroatien. Der Fleck war von Anfang des Krieges an heftig umkämpft. Sanel, der 10-jährige, hat von den Explosionen der Granaten an beiden Ohren schwere Hörschäden davongetragen. Der Familie gelang die Flucht, und die Bundesrepublik Deutschland hat sie großzügig alle aufgenommen. Bis Dezember 1997.

Seit damals sitzen die fünf wieder in Bijeljina. Ihr Haus allerdings hatte in der Zwischenzeit schon jemand anderer in Besitz genommen. Herr Miloš Mijić wohnt mit seiner Frau im ersten Stock des geräumigen Rohbaus und denkt nicht daran, das eroberte Terrain aufzugeben. Zwar fehlt ihm dazu die Bescheinigung, die Hausbesetzer nach dem Krieg einholen konnten, auch liegt Vater Ćehajić ein gültiger Ausweisungsbescheid gegen den Eindringling vor, aber das beeindruckt Herrn Mijić nicht. Er weiß, dass die örtliche Polizei keine gewaltsamen Räumungen durchführt. In dieser Sicherheit hat der ungebetene Gast sogar verhindert, daß die Hauseigentümer die beiden leeren Zimmer im Haus beziehen konnten. Die Räume waren vor einigen Monaten frei geworden, als die zweite serbische Familie, die im Oberstock des Hauses gelebt hatte, dem Räumungsbefehl des zuständigen Ministeriums gefolgt war.

Der Schlosser, der sein Haus mit eigenen Händen aufgebaut hat, sitzt deshalb im niedrigen Zubau, den man in Bosnien „Sommerküche" nennt. Eigentlich wohnt hier seine Schwester samt ihrem serbischen Mann und dem kleinen Kind, dazu noch die Mutter. Trotz der beengten Verhältnisse fanden sich ein Zimmer und die kleine Küche für die Heimkehrer. Hier schlafen die Ćehajićs allnächtlich dicht aneinander gedrängt und hoffen, dass der Bewohner ihres Hauses doch eines Tages das Weite sucht. Wichtiger noch, dass vielleicht die Schuhfabrik von Bijeljina wieder öffnet, wo Sabina vor dem Krieg gearbeitet oder die Zuckerfabrik, die Enver beschäftigt hatte. Derzeit lebt die neunköpfige Familie von den 35 Mark Rente der Großmutter. Hin und wieder schickt Sabinas Schwester, die in Villach arbeitet, etwas Geld. Sonst ginge es überhaupt nicht.

IC nennt das Flüchtlingshilfswerk der Uno den Fall Ćehajić: Individual Case. Individuell mag die Geschichte der

Familie Ćehajić zwar sein, ein Einzelfall ist sie nicht. In Bosnien sitzt kaum jemand in seinem eigenen Haus, und Arbeitslosenraten von 80 Prozent sind nicht ungewöhnlich. Der gewaltsame Versuch Serbiens und Kroatiens, sich Teile des Landes einzuverleiben, hinterließ die Industrie in Ruinen. Große Teile der bosnischen Bevölkerung wurden ins Exil getrieben oder genötigt, sich in eine andere Gegend des eigenen Landes zu verfügen. Dort wurden ihnen Wohnungen zugeteilt, die ihrerseits von den Vorbesitzern verlassen worden waren. „Permanent occupancy“ nannte man das im Uno-Jargon.

Der Friede von Dayton sieht die Entwirrung dieser gewaltsamen Umschichtung vor. Im April wurden per Gesetz die unbefristeten Berechtigungsscheine aufgehoben und in befristete Wohnrechte umgewandelt. Schöne Dokumente bestätigen den Eigentümern ihre Ansprüche. Hier stockt der Prozess nun. Voraussetzung für die Rückkehr der Eigentümer ist nämlich, dass der provisorische Bewohner selbst eine adäquate Unterkunft gefunden hat. Und hier machen sich die Kriegsfolgen am stärksten bemerkbar.

Bosnien ist zwar ein Staat, de facto aber in zwei Teile zerfallen. Die sogenannte Republika Srpska trennt zwar kein Grenzbalken von der bosnisch-kroatischen Föderation und der Verkehr fließt unbehindert. Doch schon beim Telefon zeigt sich die Fremdheit. Ein Gespräch von Brčko ins nahe Tuzla kostet soviel wie ein Ferngespräch, die Vorwahlen für Auslandsgespräche sind in der serbischen Republik und in der Föderation verschieden. Am tiefsten ist die Kluft, wenn es um die Rückkehr der „displaced persons“ geht. Bald zeigte sich nämlich, dass zwar viele Muslime wieder in ihre heute serbisch dominierten Wohngegenden zurück wollen, die meisten Serben aber vorziehen, in der Republika Srpska zu bleiben. Schließlich haben sie den Krieg vom Zaun gebrochen, damit sie in geschlossenen Siedlungsgebieten unter sich bleiben können. Die Friedensregelung von Dayton stört ihre Kreise.

„Jede Verhandlung mit den Bürgermeistern beginnt mit der Phrase, ‚wir sind für die Rückkehr der Muslime‘“, sagt Doris Kleffner, die das UNHCR-Büro in Brčko leitet. Dann erzählt sie von einem Vorort, in dem 150 Häuser leerstehen, nur neun sind bewohnt, von serbischen Familien. Diese weigern sich jedoch hartnäckig, mit den Muslimen zusammenzuwohnen, die in die leeren Häuser wollen. Da hätten sie doch lieber neue Häuser für sich, anderswo. „Dass das Land sozialistisch war, wiegt fast noch schwerer als der Krieg“, meint Doris Kleffner, die als Vertreterin einer internationalen Organisation ständig mit solch irrealem Anspruchsdenken konfrontiert ist.

Die Medaille hat jedoch auch eine andere Seite. Das Vorurteil, die bosnisch-kroatische Föderation nehme leichter Rückkehrer auf, hält Frau Kleffner aus eigener Erfahrung für falsch. „Wir haben zum Beispiel den Fall eines Serben, der neun Anläufe unternommen hat, in sein Haus in Tuzla zurückzukehren. Dann gab er es auf.“ Die Ćehajićs werden nicht aufgeben, auch wenn das die 13-jährige Anela schmerzt. Sie wäre lieber in Deutschland geblieben – wegen der großen Zimmer und der guten Schokolade. „Kinderträume“, sagt der Vater.

Getrennte Ufer

Haben Sie gehört, dass Goražde eine Heldenstadt ist?" Nadija Hodo scheint besorgt , die Vergangenheit des ost-bosnischen Ortes könnte draußen vergessen werden. Deshalb frischt die für Flüchtlinge und „displaced persons" zuständige Ministerin des von der Republika Srpska umgebenen muslimischen Kantons Goražde vorsichtshalber das Gedächtnis auf. Sie holt ein paar Prospekte hervor mit seltsamen Bildern.

Eine der Abbildungen zeigt unförmige Schaufelräder in der Drina, ein anderes die schmucklose Brücke über den Fluss. Erst die Erläuterung macht die Bedeutung der Auswahl für eine Werbebroschüre klar. Die handgebastelte Konstruktion im Wasser diente während der Belagerung der Energiegewinnung, nachdem die Stromversorgung von den Belagerern unterbrochen worden war. Und die Brücke hat einen zweiten Boden. In der Not konstruierten die Einwohner von Goražde einen Steg, der im Schutz des massiven Baus das Überqueren des Flusses ermöglichte, ohne in die Schusslinie von Heckenschützen zu kommen. „Hier hätte passieren sollen, was in Srebrenica passiert ist", sagt Frau Hodo. „Dank der Bewohner ist es nicht geschehen." Srebrenica wurde 1995 von den Serben überrannt, obwohl es Uno-Schutzzone war. Die Massaker an der Zivilbevölkerung haben den Ort zum Inbegriff barbarischer Kriegführung gemacht. Goražde hielt stand. Ein Korridor verbindet heute die Stadt mit dem Rest der muslimisch-kroatischen Föderation. Doch dort fährt fast niemand. Unbehindert und mühelos kann heute jeder die schön ausgebaute Verbindungsstraße benützen, die etwas nördlich des Korridors durch die Republika Srpska führt. Vorbei an Serbisch Sarajevo, über saftige Hochalmen bis zum Vorort Kopači, der heute freilich nicht mehr so heißt. Ein neues gelbes Ortsschild gibt die wohlhabende Wohngegend als „Srpski Goražde", Serbisch Goražde, aus.

Hier hatte Kadira Šogolj mit ihrem Mann und den zwei Kindern ihr Haus. Nun wohnt sie in einem schönen Zimmer im Transit-Center Goražde, das vom Roten Kreuz für Fälle wie den ihren errichtet wurde. Nach sechs Jahren in Heilbronn

Stacheldrahtverhau im muslimischen Ostteil der Stadt Mostar

musste die Familie zurück, nun wartet sie seit einem Jahr, dass ihr Haus in Kopači/Serbisch Goražde frei wird. Doch davon kann keine Rede sein. Wenn Frau Šogolj ihr Haus anschauen will, muss sie einen Antrag stellen, dann begleiten Polizisten der International Police Task Force die Frau hin und wieder zurück. „Früher lebten hier nur zwei serbische Familien, jetzt sind alle Einwohner Serben. Laut dem Abkommen von Dayton dürften sie nur die Hälfte von Srpsko Goražde behalten", sagt Frau Sogolj resigniert. „Doch das UNHCR hat schon zugegeben, dass das Projekt gescheitert ist."

Das Nebenzimmer von Familie Šogolj im Transit-Center teilen sich sechs Leute. Esad und Alija Rogo wohnen seit einem Jahr mit ihren vier Kindern in dem Raum, und ihre Stimmung ist entsprechend miserabel. Der Metzger hat seine Familie nicht freiwillig aus Wuppertal zurückgebracht. Er möchte so schnell wie möglich wieder ins Ausland. „Hier gibt es keine Zukunft", sagen sie und meinen mit hier nicht nur Goražde. Sie meinen Bosnien. „Die Stadt ist kaputt, meine Kinder haben keine Perspektive hier."

Ein zweites, geradezu luxuriöses Flüchtlingszentrum dominieren Muslime aus dem Sandschak. Sie fallen aus dem Rahmen der Flüchtlingskategorien, denen wir bisher begegnet sind. Geflohen sind sie deshalb, weil die Männer den Wehrdienst verweigert haben. Das Regime in Belgrad hatte versucht, die Muslime dieser nördlich von Montenegro gelegenen Region als Kanonenfutter im Krieg gegen die Muslime im Kosovo einzusetzen. Damit ließen sich zwei Fliegen zugleich erledigen: die lästige religiöse Minderheit im eigenen Land und die bedrohliche muslimische Mehrheit im Kosovo, dachte man in Belgrad. Doch viele Wehrpflichtige machten nicht mit. Um den Behörden zu entgehen, überquerten sie die Berge und fanden mit ihren Familien Zuflucht im muslimischen Goražde.

Möglich, dass auch sie einmal Arbeit finden werden in Enisa Bektos Musterbetrieb an der Drina. Die junge Frau stammt aus Goražde, wenn sie auch viele Jahre nicht hier gelebt hat. Niemand hat sie hierher zurückgeschickt. Als Geschäftsführerin der väterlichen Bekto Ges.m.b.H. in Sankt Michael bei Stegersbach im Südburgenland hätte sie auch in Österreich bleiben können. Wie ihr Vater Redzo spricht sie makellos Deutsch. „Wir wollten zurück, weil wir von hier sind", erzählt die junge Frau im Getöse des Presslufthammers, der gerade die Wand zu einer neuen Fabrikshalle durchbricht. Das Unternehmen, das auf Kunststoff- und Druckgusstechnik spezialisiert ist, weitet stetig seine Kapazitäten aus. Sechzig Leute arbeiten heute hier, in fünf Jahren könnten es doppelt so viele sein. „Die Auftragslage ist hervorragend."

Familie Bekto ist der Beweis, dass mit Hartnäckigkeit einiges zu erreichen ist. Schließlich versuchen sie schon zum dritten Mal, in ihrer Heimatstadt einen Industriebetrieb aufzumachen. 1986 scheiterte der erste Versuch an den Prügeln, die der kommunistische Staat Privatunternehmern zwischen die Beine warf. Das Unternehmen siedelte nach Deutschland. 1990 versuchten die Bektos die Rückkehr. Zwei Jahre später brach der Krieg um Bosnien aus. Von den Hallen blieben Ruinen. Ein paar von ihnen stehen auf dem Gelände noch umher. Die bisherigen Erfahrungen haben die Bektos zwar nicht entmutigt, aber gewarnt. „Wir bleiben mit

Der einzige wirtschaftliche Lichtblick in Goražde ist die Firma Bekto.
Das Unternehmen beschäftigt derzeit etwa 60 Arbeiter, in fünf Jahren
soll sich die Zahl der Mitarbeiter verdoppeln

Spuren eines Feuerüberfalls

Spiel in Ruinen. Hinter den jugendlichen Fußballspielern türmen sich die zyklopischen Trümmer der serbisch-orthodoxen Kirche, die vor dem Krieg den Osthang von Mostar dominiert hatte. Sie wurde gesprengt

unserem Unternehmen auch in Österreich, um unseren Kunden Sicherheit zu geben. ‚Bekto Goražde' ist eine Tochterfirma und wird es bleiben." Mit der umgebenden „Republika Srpska" habe man „ein ziemlich korrektes Verhältnis", alle Transporte würden ungehindert durch deren Gebiet geführt, sagt sie. Warum? „Weil wir nur wirtschaftlich orientiert sind: Wirtschaft öffnet die Wege, da gibt es keine Religion." Im Übrigen spricht sie lieber nicht von Politik. Nur so viel sagt sie: „Wir haben noch niemanden abgelehnt, weil er von einer anderen Religion ist." In der muslimischen Region Bosniens steht der religiöse Aspekt des Schlachtens im Vordergrund.

Neben den Spannungen im Nachkriegsbosnien kämpft das Privatunternehmen auch mit dem Erbe des Selbstverwaltungs-Sozialismus. Der Grund, auf dem die Fabrik steht, gehört noch immer dem Staat. „Die Privatisierung fängt erst an", sagt Enisa Bekto. Die Lohnnebenkosten betragen zwar nicht mehr 110 Prozent wie einst, sind mit 86 Prozent aber noch immer beachtlich. Der Frage, ob sie auch anderen Firmen empfehlen könnte, hier zu investieren, weicht sie aus. „Bei uns ist es mehr, dass man nach Hause wollte."

Was „nach Hause" heißen soll, ist im geteilten Mostar weit weniger klar als in der umzingelten „Heldenstadt". Auch Mostar liegt an einem Fluss, doch die Notbrücken über die Neretwa verbinden nicht wirklich. Auf der linken Flussseite leben bosnische Muslime, rechts Kroaten. Dass sie eigentlich einer gemeinsamen „Föderation" zugehören, tut hier nichts zur Sache. Schon an der Rezeption des noblen Hotels „Ero" im Westteil der Stadt wird dem Gast klargemacht, wo er sich befindet. Die Preise sind in Kuna angeschrieben, der kroatischen Währung, an Stelle der bosnischen „Konvertibilna Marka". Auf die Frage, ob man hier einen Mietwagen nehmen könnte, um damit ins kroatische Dubrovnik zu fahren, zieht die Rezeptionistin erstaunt die Brauen hoch. „Natürlich, Dubrovnik liegt ja auch in Kroatien."

Bald bestätigt sich der Eindruck solch provisorischer Staatlichkeit. So verrät das Telefonsystem die geringe Distanz zum Nachbarn. Cronet, das kroatische Mobilnetz, funktioniert einwandfrei in Mostar, und für Anrufe ins kroatische Zagreb verrechnet die Post Ortsgebühren. An der Hauptpost weht die kroatische Fahne. Wenn man das Mädchen nach einem guten Restaurant fragt, zeichnet sie mit dem Leuchtstift fünf Punkte auf die Karte. Alle fünf liegen im Westen. Ob sie im Osten nichts wüsste? „Im Osten kenn' ich gar nichts", sagt sie mit einer Miene, als wäre schon die Frage eine Zumutung. Ehe man Bosnien verlässt, müssen sich die Insassen des Busses dann noch einer erstaunlich legeren Passkontrolle unterziehen. Der kroatische Grenzer rechnet offenbar nicht damit, ein dauerhaftes Amt zu bekleiden. Sein Arbeitsplatz ist ein mobiler Blechcontainer. Den kann man im Bedarfsfall mühelos beseitigen.

Hoch über dem Ostteil Mostars ragen schlichte Steinkreuze aus den alten Gräbern der orthodoxen Christen. Von der großen Kathedrale der Serben blieb nur ein Steinhaufen. „Eines Nachts haben Kroaten einen Lastwagen mit Dynamit vor die Kirche gestellt und gezündet", erzählt Mustafa, ein älterer Muslim, der uns auf diese Anhöhe geführt hat. Dann zeigt er auf den gegenüberliegenden Berg. Von dort aus hätten die Kroaten herübergeschossen, vom Berg hinter

Alte serbische Gräber liegen verstreut am Osthang, die Muslime Mostars haben ihre Toten des Krieges demonstrativ mitten im Herzen der Stadt bestattet

ihm die Serben. Sie, die bosnischen Muslime, waren dazwischen. „2500 von uns sind in einem einzigen Monat gestorben", rechnet er vor. Sein Sohn hat den Krieg überlebt, er spielt mit seinen Freunden Fußball auf dem Feld neben der Schutthalde. Die meisten Serben sind nicht mehr zurückgekehrt nach Mostar, auch wenn das Abkommen ihnen das ermöglichte. Sie wären an keinem der beiden Ufer der Neretwa mehr willkommen.

Vielleicht haben die Vorbehalte der Rezeptionistin im Hotel „Ero" gegenüber dem Osten ihrer Stadt gar nichts mit nationalistischer Borniertheit zu tun. Jenseits der Brücke herrscht nämlich Frauenüberschuss. Schon am Samstagnachmittag defiliert ein Strom junger Mädchen die Straße entlang, die von der zerschossenen türkischen Brücke bis zum anderen Ende der Stadt die Neretwa begleitet. Sie defilieren vor den Burschen, die in den Bars entlang des Weges Aufstellung genommen haben. Es sind Überlebende. Ihre Jahrgangskollegen liegen ein paar Meter weiter, auf dem Hauptplatz. Den hat die Stadtverwaltung des Ostteils demonstrativ in einen riesigen Friedhof umgewandelt. Leuchtend weiße Marmorstelen tragen die Geburtsdaten von 20- bis 30-jährigen Männern, die im Kampf um die Stadt ihr Leben gelassen haben.

Vor der Moschee liegen grüne Spannteppiche mit der Aufschrift: Saudi-Arabisches Hochkomitee. Die Stifter haben sich überall verewigt: „Restauriert mit der Hilfe Allahs und des Saudiarabischen Komitees für die Hilfe für Bosnien und Herzegovina", verraten schlichte Marmortafeln an repräsentativen Gebäuden. Zwischen den Moscheen Ruinen. Nur die Altstadt um die weltberühmte Bogenbrücke wurde mit Akribie wiederhergestellt. Ein provisorischer Steg verbindet die beiden Stadtteile dort, wo eine kroatische Granate das Wahrzeichen der Stadt zertrümmert hat. Was an Einzelteilen noch aus der Neretwa zu fischen war, liegt aufgereiht auf den Planken einer Holzplattform etwas unterhalb der Brücke. Die Stelle, wo der filigrane Bogen von der Wucht der Detonation abgerissen wurde, lässt auf die Schwierigkeiten schließen, die einem eventuellen Restaurierungsversuch entgegenstünden. Die Brücke war ein Puzzle aus winzigen Steinen, welche nur die ausgeklügelte Statik der türkischen Ingenieure in der Schwebe gehalten hatte.

Flüchtling im Transit-Center von Goražde

Die Wacht am Hafen

Nach Prevlaka führen keine Wegweiser. Wer von Dubrovnik nach Süden fährt, muss schon mit einer guten Karte ausgestattet sein oder fragen, will er den Ort finden. Die Straße wird immer enger und droht zuletzt ganz im Gestrüpp zu verschwinden. Bunker in Tarnfarben säumen die ginstergelben Abhänge entlang der letzten Wegstrecke. Die Bunker sind unbemannt und schon zugewachsen, die Sandsäcke aufgeplatzt.

Am Horizont weht eine kroatische Fahne. Sie markiert einen winzigen Grenzübergang zu Montenegro. Blickt man nach Westen, ragt eine dünne, idyllische Landzunge ins Meer. Hier liegt Prevlaka.

Zweierlei verbindet Prevlaka mit Griechenlands heiligem Berg Athos. Zum einen ist der südliche Ausläufer Kroatiens wegen seiner landschaftlichen Pracht ein potenzielles Touristenparadies, zum anderen ist der Zutritt der Mehrzahl der Menschen verwehrt. Die umstrittene Landzunge vor der Einfahrt zum Hafen von Kotor ist Uno-Soldaten vorbehalten. Die Blauhelme haben die Aufgabe, das Land so lange zu besetzen, bis sich die Nachbarn Kroatien und Jugoslawien geeinigt haben, wem der schmale Rücken in Zukunft gehören soll.

Es hängt vom Alter der konsultierten Landkarte ab, wer Recht hat in dem Grenzkonflikt. Seit den Tagen Titos verlief die Grenze so, wie es den Kroaten recht ist. Der Streifen gehörte damals ihnen. Doch das war nicht immer so. Schwerer als die historischen Gründe wiegt das Missbehagen der jugoslawischen Armee, deren Marine innerhalb der Bucht von Kotor vor Anker liegt. Wer Prevlaka besitzt, kontrolliert die Zufahrt zur montenegrinischen Hafenstadt und kann sie jederzeit sperren.

Eigentlich sollte die ganze Zone um die Halbinsel entmilitarisiertes Gebiet sein. Doch serbische Truppen haben gleich nach dem Eintreffen der Uno-Soldaten 1991 den Nordteil des Gebiets auf der Seite Montenegros besetzt, in sicherem Abstand zu den Blauhelmen. Die kroatische Armee hält sich aus der Zone fern, macht der Uno jedoch auf ihre Art das Leben schwer.

Eingang zur Uno-Schutzzone auf Prevlaka am Südzipfel Kroatiens

„Zwischen sieben und neun sowie zwischen 17 und 19 Uhr ist die Grenze für den Nahverkehr offen“, erklärt freimütig ein freundlicher kroatischer Grenzpolizist beim beflaggten Übergang. Ausländer dürfen zwar nicht durch, werden aber auch nicht barsch fortgewiesen. Es ist noch nicht lange her, da hielten die Kroaten den Posten gar 24 Stunden offen, obwohl er in der Uno-Zone liegt und gar nicht erreichbar sein sollte. Die jetzige Regelung ist ein Kompromiss.

Vom Grenzübergang führt eine schöne Asphaltstraße zur Halbinsel Prevlaka hinüber. Hier ist die Fahrt definitiv zu Ende. Dichter Stacheldrahtverhau ringelt sich entlang des Zauns und über das Einfahrtstor zur Uno-Zone. Ein blaues Schild weist Unbefugte in bestimmtem Ton ab. Vor dem Portierhäuschen zwängt sich Buschwerk durch den Beton, schon lange scheint hier niemand mehr Dienst getan zu haben. Eine Kette mit schwerem Vorhängschloss sichert das Gittertor. Träge kriecht eine Schlange über den heißen Asphalt, in der Ferne schlägt ein Hund an. Kein Mensch ist zu sehen.

In der Ferne, am Rand der tiefblauen Bucht, zeichnen sich blass die Konturen von Herceg Novi ab, dem ersten Städtchen auf montenegrinischem Boden. Hinter dem Ort steht die jugoslawische Armee und kontrolliert alles, was von der montenegrinischen Polizei über den Grenzposten gelassen wurde. Hilfstransporte für die nach Montenegro geflohenen Albaner kommen hier nicht weiter.

Auf der Suche nach einem zweiten Eingangstor zur Uno-Zone geraten wir auf eine Schotterstraße hoch über der Halbinsel. Verlassene Kontrollposten auch hier. Dann stehen wir plötzlich vor einem beflaggten Bunker. Uniformierte waschen ihre nackten Oberkörper. „Welcome to hell“ steht über dem Eingang zum Bunker. So ist auch die Stimmung. Ein Polizist umschreitet misstrauisch das Auto mit dem Kennzeichen aus Dubrovnik. „Novinari?“ fragt er mürrisch. „Go away“ fällt ihm zum Stichwort Journalisten ein und „Auf Wiedersehen“. Damit sind seine Fremdsprachenkenntnisse erschöpft.

Laut Abkommen hätten die kroatischen Polizisten hier andere Aufgaben, als die Aussicht zu genießen. Sie sollten dafür sorgen, dass sich niemand unbefugt dem Uno-Gelände nähert. Die Sperrzone beginnt laut Vertrag bereits auf dem Bergrücken, nicht erst an der schmalsten Stelle der Halbinsel, wo die Tafel heute steht. Doch die ursprünglichen Verbotsschschilder der Uno standen nur einen Tag lang. In der folfgenden Nacht wurden sie von patriotischen Polizisten abmontiert.

Trotz der Nähe der Grenze und des Streits um die strategisch wichtige Position herrscht himmlische Ruhe in Prevlaka. Die Uno-Mission, die mit 30 Mann und Jahreskosten von zwei Millionen Dollar weltweit zu den billigsten zählt, wirkt schon durch bloße Anwesenheit. Die Kontakte mit beiden Seiten machen es möglich, hysterische Medienmeldungen zu relativieren und beruhigend auf die Bevölkerung einzuwirken. Vor allem aber erinnern die Blauhelme die beiden Nachbarn daran, dass sie sich einigen müssen. Vorher gehen sie nicht weg von hier; und das gilt in diesen Breiten als gefährliche Drohung.

Der verspätete Pakt

Die heutigen Probleme des Balkans wären wahrscheinlich für einen Diplomaten der k. u. k. Monarchie nichts Neues. Heute genau wie damals geht es um Einflusszonen und um die Neugestaltung nach einer langen Kriegsperiode. Albanien und das von Albanern bewohnte Kosovo bilden die Schnittstelle, die heute West und Ost voneinander trennt.

Das Engagement der Amerikaner, die die Hauptlast der Nato-Bombardements im Krieg gegen Miloševićs Serbien trugen, hatte einen ähnlichen Hintergrund wie das Engagement der damaligen europäischen Mächte nach dem Berliner Kongress 1878: Russland vom Mittelmeer fernzuhalten. Es wird behauptet, der 1912 entstandene albanische Staat sei der Spross einer österreichischen Mutter gewesen, der mit Hilfe einer italienischen Hebamme zur Welt gekommen sei. Albanien sollte damals ein Gegengewicht zu Serbien bilden, um die Verbündeten Serbiens, das zaristische Russland vor allem, daran zu hindern, ans Mittelmeer zu gelangen. Miloševićs Serbien bildet heute sogar eine „Union“ mit Russland und Weißrussland.

Der Wettlauf des russischen Uno-Kontingents mit der Nato zum Flughafen von Priština (Kosovo) war nur eine Bestätigung dafür, wie sehr sich die Geschichte auf dem Balkan wiederholt. Werden die Amerikaner die Kosovo-Albaner und deren Unabhängigkeitsbestrebungen unterstützen, um ein Gegengewicht zu Serbien und schließlich zu Russland zu schaffen? Wie würden die Serben darauf reagieren? Oft reagiert die serbische Politik nach dem Motto, ein schlechter Verbündeter sei besser als gar keiner. Interessanterweise gilt das für die Regierung des Slobodan Milošević genauso wie für die zerstrittene und uneinige Opposition. Die zwei rivalisierenden Oppositionspolitiker Zoran Djindjić und Vuk Drašković haben zumindest nach außen hin das Kriegsbeil begraben und sich die Hand gereicht, um Milošević zu stürzen. Andererseits haben auch die Sozialisten des Slobodan Milošević die Karten neu gemischt und abermals eine Regierung mit den Ultranationalisten des Vojislav Šešelj gebildet. Diese

Regierungsumbildung hatte nur einen Zweck: Sie sollte der Opposition ein klares Signal geben, dass mit einem Rücktritt Miloševićs nicht zu rechnen sei. Gleichzeitig war es auch eine an das aufmüpfige Montenegro gerichtete Botschaft: Die Bundesrepublik Jugoslawien werde fortan noch straffer geordnet, sie werde noch „serbischer". Der montenegrinische Milošević-Gegner Milo Djukanović solle mit einer Lockerung des Verhältnisses zu Belgrad oder gar mit der Unabhängigkeit nicht rechnen. Andernfalls drohe Krieg!

Dass in der Bundesrepublik Jugoslawien wieder einmal über eine neue Abwertungsrunde für den Dinar diskutiert wird, ist Wasser auf die Mühlen der Sezessionisten Montenegros. Der Dinar steht unter Abwertungsdruck, denn Belgrad braucht Geld, um die Bauern, die Rentner, aber auch die Kosovo-Reservisten zufrieden stellen zu können.

Den montenegrinischen Sezessionisten kommt auch der Wirtschaftskrieg zugute, den Belgrad gegen Montenegro führt. Um Montenegros Wünsche nach einer Öffnung gegenüber dem Westen zu torpedieren, erheben die Serben an der kürzlich errichteten gemeinsamen Grenze Zölle für Waren aus Montenegro. Podgorica hält dafür im Gegenzug die Grenzen zu den Nachbarn in eigener Regie offen. Dort wird – mit Billigung der montenegrinischen Regierung – eifrig Schwarzhandel betrieben. Der Gegner von Djukanović, Momir Bulatović, beschuldigt Djukanović, selbst am Schmuggel zu verdienen.

Schmuggel hat in Montenegro Tradition und gut unterrichtete Kreise behaupten, beide, Djukanović und Bulatović, hätten früher kräftig am Schmuggel verdient. Für Djukanović und seine Mannschaft war der Schmuggel unter den Bedingungen des Milošević-Staates die einzige Chance, etwas zu verdienen, um die bescheidenen Gehälter und Renten ab und zu doch noch auszahlen zu können.

Früher einmal waren Bulatović und Djukanović ein unzertrennliches Paar. Beide begannen 1991 als bedingungslose Anhänger von Slobodan Milošević ihre politische Karrieren, beide spielten sogar Basketball im selben Sportklub in Podgorica. Doch die persönlichen Ambitionen entzweiten die beiden Politiker.

Djukanović treibt die Vorbereitungen für die Unabhängigkeit Montenegros rasch voran. Podgorica hat den Serben ein Art Ultimatum gestellt: Entweder bilden wir gemeinsam eine Konföderation oder Montenegro erklärt sich für unabhängig. Unabhängig war Montenegro bis 1918, zuerst als Fürstentum, dann ein Königreich unter der einheimischen Dynastie der Petrović, deren Nachfolger heute in Paris leben. Die Hauptstadt war Ćetinje, wo sich auch der Bischofssitz befindet, denn Montenegro hatte bis 1918 eine eigene autokephale orthodoxe Kirche.

Die montenegrinische Gesellschaft war stets zwischen den Anhängern der Unabhängigkeit, den sogenannten „Grünen", und den Anhängern einer Union mit Serbien, den „Weißen", aufgeteilt. Die Polarisierung gibt es auch heute, wobei die schreckliche allgemeine Lage im Milošević-Staat den „Grünen", also den Anhängern der Unabhängigkeit, zahlreiche Argumente in die Hand spielt.

Auf der anderen Seite haben sich die Montenegriner im kulturellen Sinne fast immer als Serben gefühlt. Auch der vom Haager Tribunal gesuchte bosnische Serbenführer und

Kriegsverbrecher Radovan Karadžić ist Montenegriner. Sollten sich Djukanović und seine Mannschaft für die Unabhängigkeit entscheiden, dann nur in äußerster Not und vorübergehend. Sobald sich in Belgrad die Dinge normalisieren, könnten auch sie ihre Entscheidung wieder rückgängig machen.

Parallel zu den jüngsten Anti-Milošević-Protesten in Belgrad wurde in Sarajevo ein Skandal enthüllt. Es geht um die Veruntreuung von Hilfsgeldern für den Wiederaufbau. Die „New York Times" behauptete in einem Korrespondentenbericht aus der bosnischen Hauptstadt unter Berufung auf Quellen aus der Izetbegović-Regierung, nahezu eine Milliarde US-Dollar, die für den Wiederaufbau des vom Krieg zerstörten Landes vorgesehen war, sei in „dunklen Kanälen", meistens in den Taschen der korrupten Lokalpolitiker, verschwunden. Missstände und Korruption gibt es in Bosnien auf Schritt und Tritt, und zwar unter allen drei Völkern, die dort leben. Selbst für das kleinste Dokument müssten Schmiergelder bezahlt werden, der Gerichtsweg, so die US-Zeitung, lohne sich in Bosnien überhaupt nicht, weil die Richter total korrupt seien.

Obwohl die beiden Ereignisse, die Korruptionsvorwürfe in Sarajevo und die Anti-Milošević-Proteste in Belgrad, auf den ersten Blick nichts miteinander zu tun haben, sind sie de facto zwei Seiten einer Medaille. Die serbischen Politiker und Militärs stehen ebenfalls im Ruf, korrupt zu sein. Sie sind deshalb mit Milošević auf Gedeih und Verderb verbunden. Sie würden eher auf Demonstranten schießen lassen, als sich die Zügel der Macht entgleiten zu lassen und ihrer Privilegien verlustig zu gehen. Was man noch vor dem Zweiten Weltkrieg in Bukarest, Belgrad oder Sofia als „Balkanwirtschaft" bezeichnet hatte, hat das spätere kommunistische System zur Perfektion entwickelt. Auch Kroatien ist gegen dieses „Balkansyndrom" nicht immun.

„Balkanwirtschaft" ist nichts anderes als persönliche Bereicherung mit Hilfe der politischen Macht. Eine Anekdote aus dem Vorkriegsrumänien, die genauso gut heute irgendwo auf dem Balkan passieren könnte, spricht Bände: Der Schaffner in einem Schnellzug erklärt bei der Fahrscheinkontrolle einem Passagier, sein Fahrschein sei nicht „richtig" ausgestellt worden. Ohne zu zögern wirft der Schaffner den völlig fassungslosen Passagier an der nächsten Bahnstation aus dem Zug und flüstert ihm zum Schluss noch kaltblütig ins Ohr: „Du Dummkopf, hättest du mir die Hälfte des Betrages gegeben, du hättest ohne Fahrschein fahren können!"

Umgekehrt als im Westen, wo oft die wirtschaftliche Kraft die Politik lenkt oder zumindest beeinflusst, sieht die Lage in den Balkanstaaten aus: Das Wichtigste ist es, sich die politische Macht zu sichern und dann Polizei und Armee mit Privilegien auszustatten. Wichtig ist auch die Rhetorik der politischen Ziele – sie sollten den „nationalen Interessen" dienen. Auf diese Weise soll der Anschein einer „Volksregierung" geweckt werden. Das Mehrparteiensystem darf ruhig bleiben. Es soll als Fassade dienen, um den Eindruck des „Pluralismus" zu erwecken. Die Wahlen gewinnt sowieso derjenige, der die Macht besitzt, der Polizei und Armee kontrolliert.

Der Westen hat auf die Balkankriege mit fast zehnjähriger Verspätung reagiert. Heute sind das Kosovo,

Bosnien, das von einer 30 Prozent starken albanischen Minderheit bewohnte Mazedonien oder auch Albanien praktisch Protektorate der internationalen Gemeinschaft. Es wird viel Zeit vergehen, ehe diese Gebiete in geordnete Bahnen gebracht sein werden. Die Nato ist in den genannten Ländern mit insgesamt mehr als 100.000 Soldaten präsent.

Warum unterstützt die serbische Nomenklatura auch nach dem Krieg noch Milošević? Zunächst gilt es zu klären, was denn überhaupt unter dem Begriff „serbische Nomenklatura" zu verstehen sei. Wer gehört dazu? Sind das nur die Milošević-Kommunisten oder gehören auch alle im System eingebundenen Intellektuellen dazu? Muss man auch die serbisch-orthodoxe Kirche hinzurechnen, die übrigens nach der Niederlage in Kosovo und einer zehnjährigen Symbiose mit Milošević die Seiten gewechselt hat und jetzt mit Nachdruck den Abgang Miloševićs von der Macht fordert?

Die Nato-Strategen haben sich offenbar verkalkuliert, als sie dachten, sie könnten mit einer Bombenkampagne Slobodan Milošević aus den Angeln heben. Wer das serbische Fernsehen während des Krieges als Außenstehender verfolgt hat, stellte erstaunt fest, dass sich die serbische Propaganda auch unter dem Bombenhagel „wie ein Fisch im Wasser" bewegte. Die westlichen Staaten wurden pausenlos als „Faschisten" beschimpft. Nahezu 24 Stunden pro Tag verlasen Sprecher monotone Unterstützungserklärungen kommunistischer Splittergruppen aus aller Welt.

Die Kriege, die seit dem Zerfall Jugoslawiens auf dem Balkan wüteten, waren kein plötzlich auftretendes Phänomen. Sie wurden von langer Hand vorbereitet und im Jahre 1991 von der serbischen politischen Klasse in Belgrad begonnen, um das Ende des Kommunismus und damit das Ende ihres langjährigen Herrschaftsmonopols zu vereiteln. Diese Nomenklatura besteht im Prinzip aus titoistischen Kommunisten, die ihre Zentrale naturgemäß in Belgrad hatten. Sie besteht aber auch aus den zahlreichen Intellektuellen – darunter auch Akademiemitglieder –, die ihre gut dotierten Plätze im politischen Apparat, also in der Nomenklatura, hatten. An die Spitze der Nomenklatura stellte sich der Kommunist Milošević, der anfangs auch eine kommunistische „Bewegung für Jugoslawien" (Pokret za Jugoslaviju) gründete, an der sich vor allem titoistisch gesinnte Armeeangehörige und Politiker beteiligt haben.

Entscheidend für die weitere Entwicklung war die Tatsache, dass sich der Zusammenbruch des Kommunismus in Jugoslawien entlang der ethnischen Grenzen vollziehen konnte. Die nichtserbischen Völker errichteten ihre Nationalstaaten, was der titoistischen Nomenklatura in Belgrad, zu der auch Milošević gehörte, die Möglichkeit gab, sich mit dem serbischen Nationalismus zu verbinden. Mit seiner berüchtigten Rede auf dem „Amselfeld" in Kosovo 1989, die wohl als Auftakt zum Krieg im ehemaligen Jugoslawien interpretiert werden kann, hatte sich der Titoist Milošević als serbischer Nationalist legitimiert.

Ein zweiter, wichtiger Faktor für das Verständnis der Lage in Serbien liegt darin, dass die Belgrader Nomenklatura jahrzehntelang mit stillschweigender Unterstützung nahezu der ganzen Welt rechnen konnte. Weder das erste noch das zweite Jugoslawien war aus freien, demokratischen Wahlen hervorgegangen. Beide waren im Interesse der damaligen

Weltordnung den voneinander äußerst unterschiedlichen Balkanvölkern von außen aufgezwungen worden. Dahinter standen die Weltmächte und deren Balkanpläne. Die Stabilität des ehemaligen Jugoslawien beruhte auf einem Konsens zwischen den europäischen Großmächten, Amerika und der Sowjetunion. Während des kalten Krieges haben – im Interesse des Zusammenhaltes des Vielvölkerstaates – sowohl Ost als auch West den Führungsanspruch der serbischen Nomenklatura unterstützt, obwohl sie wussten, dass sie einer Diktatur die Stange halten. So gesehen hat der Westen dieselbe Nomenklatura unterstützt, gegen die er jetzt Krieg führte. Diese Nomenklatura wuchs im Glauben auf, Jugoslawien habe „Weltbedeutung". Als Legitimation diente die titoistische Formel „Wir sind Ost und West zugleich".

In diesem politischen Milieu ist auch Slobodan Milošević groß geworden. Doch nach dem Zusammenbruch des Kommunismus ist die Bedeutung der Nomenklatura geschwunden, schon deshalb, weil es Ost und West im herkömmlichen Sinne gar nicht mehr gibt. Die Globalisierung macht keinen Unterschied zwischen Ost und West, und wenn ein amerikanischer Präsident von einer „Neuen Weltordnung" mit allen daraus resultierenden demokratiepolitischen Forderungen spricht, dann versteht Milošević diese Welt nicht mehr. Auf der anderen Seite machte der Westen bisher gravierende Fehler auf dem Balkan, die Milošević jetzt geschickt für sich ausnützt.

Das Verhalten der westlichen Allianz war in keinem der Konflikte, Kosovo eingeschlossen, von einer konsequenten und auf Langfristigkeit ausgelegten Politik geleitet. Eine Eindämmungsstrategie gegen Milošević wurde nie entworfen. Es gibt sie auch heute nicht. Die Nato sieht sich nach der Bombenkampagne als Siegerin. Milošević aber betrachtet sich genauso als Sieger. Er hat offenbar erkannt, dass er längerfristig über die besseren Karten im Machtpoker mit dem Westen und der serbischen Opposition verfügt, wenn er Kosovo nach einer 72-tägigen „ehrenvollen" Verteidigung preisgibt. Seine Truppen verfügen nach Angaben von Militärexperten noch über eine beträchtliche Schlagkraft. Hinzu kommt, dass er gegenüber der Opposition, aber auch gegenüber der eigenen Nomenklatura darauf hinweisen kann, dass er dem mächtigsten Militärbündnis der Welt die Stirn geboten hat. Dies gilt auf dem Balkan am meisten.

Natürlich sitzt Milošević trotz allem auf dem absteigenden Ast, das hat auch die serbisch-orthodoxe Kirche erkannt. Sie präsentiert sich heute als die große Oppositionskraft, doch das war nicht immer so. Die serbische Kirchenhierarchie war der treueste Verbündete Miloševićs. Manche Analytiker meinen, die Anti-Milošević-Haltung der Opposition sowie der Kirche sei weniger das Ergebnis demokratischer Überzeugungen, als vielmehr von der Ansicht geleitet, Milošević sei nicht „effizient" genug gewesen. Er habe Kriege verloren und „Serbengebiete" abtreten müssen. Eine Belgrader Oppositionszeitung verglich den Gesinnungswandel der Kirche gegenüber Milošević mit einem Diktum von Friedrich Nietzsche, der gesagt hatte, was stürzt und fällt, dem sollte man noch einen Stoß versetzen – damit es schneller geht. Milošević war für die serbische Geistlichkeit nach seiner flammenden Rede anlässlich der 600-Jahr-Feier der Kosovo-Schlacht 1989 zum

Sinnbild des expandierenden Serbentums auf dem Gebiet des ehemaligen Jugoslawien geworden. Nahezu die gesamte Geistlichkeit segnete diese Expansionspläne ab. Im Jahre 1989 wohnte der damalige Patriarch German Djorić den Feierlichkeiten auf dem Gazimestan, der Gedenkstätte auf dem Amselfeld, bei. Doch der greise Patriarch musste sich nach einem Unfall in seiner Residenz 1991 einer schweren Hüftoperation unterziehen. Als Oberhaupt der Kirche fiel er für lange Zeit aus.

Der Kampf um die Nachfolge setzte ein, und das ging naturgemäß nicht ohne Einmischung von Milošević ab. Miloševićs Kandidat für die German-Nachfolge war der serbisch-orthodoxe Erzbischof von Agram und Laibach Jovan Pavlović. Pavlović verließ zu Kriegsbeginn die kroatische Hauptstadt und ging nach Belgrad, wo er sich als eifriger Anhänger Miloševićs präsentierte. Doch der heilige Synod entschied sich für den stillen und unauffälligen Pavle Stojčević, einen Bischof aus dem Kosovo. Pavle Stojčević stammt übrigens aus Slawonien in Kroatien. Wenn man heute sieht, wie sich die serbisch-orthodoxe Kirche als Milošević-Gegnerin präsentiert, erinnert das daher an einen „Salto mortale“.

Zu Kriegsbeginn in Kroatien verließ die gesamte serbische Geistlichkeit ihre Zentren in Pakrac, Karlovac und Šibenik. Ihren Gläubigen sagten die Würdenträger, sie würden „sehr rasch“ wieder mit der „siegreichen jugoslawischen Armee“ in ihre Amtsräume zurückkehren. Als der Krieg in Kroatien eskalierte, wollten die serbischen Bischöfe die Grenzen der Milošević-Eroberungen sogar mit der Gründung neuer Diözesen in den eroberten Städten krönen. Ein Beispiel dafür ist die Errichtung einer neuen serbischen Diözese im Städtchen Dalj, unweit Osijek, durch Bischof Lukian. Sie erfolgte nur wenige Tage nach der Eroberung durch die serbischen Truppen, die dort ein Blutbad an der nichtserbischen Bevölkerung anrichteten. Es wurde aber schon Anfang 1992 klar, dass es keinen „siegreichen“ Feldzug der jugoslawischen Armee gegen Kroatien geben wird und dass somit der Zeitpunkt der Rückkehr der serbischen Geistlichen in weite Ferne gerückt ist.

Doch der anschließende Krieg in Bosnien und Herzegowina war eine Gelegenheit, die Karten neu zu mischen. Man wurde kirchlicherseits zwar etwas vorsichtiger, verließ aber keineswegs die Milošević-Linie: So wechselte der serbisch-orthodoxe Bischof von Šibenik, Nikolaj Mrdja, nach Pale, wo Radovan Karadžić und Ratko Mladić die Republika Srpska installiert hatten. In der provisorischen Hauptstadt wurde eine neue serbisch-bosnische Diözese gegründet, die für alle in Bosnien eroberten Gebiete zuständig war, und Nikolaj Mrdja mit deren Leitung beauftragt. Nikolaj Mrdja, aber auch der jetzige Patriarch Pavle besuchten regelmäßig die Karadžić-Truppen an der Front und segneten gemeinsam General Ratko Mladić und dessen Kriegsgerät, das dreieinhalb Jahre lang Sarajevo bombardierte. Als der Krieg auf dem Kosovo im Frühjahr 1999 eskalierte, besuchte Patriarch Pavle plötzlich Agram und gab versöhnliche Töne von sich. Kosovo werde immer serbisch bleiben, sagte er damals auf meine Anfrage.

Doch während der Nato-Angriffe wechselte die orthodoxe Kirche ihre Haltung schlagartig. Diesmal wandte sich der Patriarch an Papst Johannes Paul II. und bat um Vermittlung im Krieg zwischen Serbien und der Nato. Im Belgrader Patriarchat aktivierte man sogar die „Geheimkanäle“ zum Vatikan. Der Vatikan reichte die Hand und der Papst verurteilte die Bombardements. Der Patriarch hätte den Papst sogar gerne in Belgrad gesehen. Eine Gelegenheit bot sich, als der Papst nach Bukarest flog. Doch da war der Vatikan zu vorsichtig.

Trotz des Gesinnungswandels könnte die Geistlichkeit weniger geschlossen gegen Milošević eingestellt sein, als es den Anschein hat. Bei der letzten Sitzung des Synods soll es Stimmen gegeben haben, wonach Milošević das serbische Volk „richtig führe“. Beobachter verweisen darauf, dass das Patriarchat eine umfassende Wandlung seiner gesamten Struktur plane. Vor allem will man sich nicht mehr vor den staatlichen Karren spannen lassen, vielmehr strebe man Mitsprache bei der künftigen Demokratisierung Serbiens an. In diesem Zusammenhang sickerte etwas durch, das noch vor kurzem undenkbar schien: Das Patriarchat hätte angeblich nichts dagegen einzuwenden, wenn ein Kroate der nächste katholische Erzbischof von Belgrad wird.

In Kroatien stehen indessen Parlamentswahlen ins Haus, die ein Ende der fast zehnjährigen Regierungsperiode der „Kroatischen Demokratischen Gemeinschaft“ (HDZ) – jener vom Präsidenten Franjo Tudjman im Jahr 1989 gegründeten Partei, die das Land in die Unabhängigkeit geführt hat – bringen könnten. Obwohl der Wahltermin zur Zeit noch nicht feststeht, soll die Parlamentswahl spätestens in der zweiten Jännerhälfte des Jahres 2000 abgehalten werden.

Das Verhältnis zwischen der regierenden Partei „HDZ“ und der Opposition war zuletzt alles andere als gut. Die Opposition besteht aus sechs Parteien, die zur sogenannten „sestorica“ zusammengefasst sind, und steht unter der Führung der mächtigen Reformkommunisten. Man konnte sich weder über die Neuordnung des staatlichen Fernsehens noch über die Mediengesetze einigen. Der Konflikt hatte dann im Streit um das neue Wahlgesetz den Höhepunkt erreicht. Die Opposition wollte das Wahlverbot für die sonst immer für die regierende „HDZ“ stimmenden Auslandskroaten durchdrücken, aber das misslang. Die regierende „HDZ“ verabschiedete ein Wahlgesetz nach den eigenen Vorstellungen.

Die Frage, die Kroatien heute am meisten beschäftigt, lautet: Gibt es eine politische Wende nach den Wahlen oder bleibt es bei der Kontinuität? Doch damit hängt für die Kroaten eine noch wichtigere Frage zusammen: Könnte Kroatien mit veränderter politischer Führung seinen Weg in die EU beschreiten? Aus dem Ausland kommen zustimmende Signale, der Durchschnittskroate bleibt jedoch skeptisch.

Die Reformkommunisten, die sich seit einiger Zeit Sozialdemokratische Partei Kroatiens nennen und vom ehemaligen KP-Sekretär Ivica Raćan geführt werden, sind von ihrem Wahlsieg überzeugt: Auch die Meinungsforscher bestätigen dies und sprechen von schlechten Aussichten für die regierende „HDZ“. Alles harrt auf den Wahltermin, und sogar die EU hat die Verhandlungen mit Agram aufs Eis gelegt, um auf den Wahlsieger zu warten, mit dem dann die Verhandlungen über die EU-Assoziierung des Landes begonnen werden sollen.

Um die rote Vergangenheit zu verdrängen, haben die Reformkommunisten – angeblich auf Anraten einer in Kroatien ansässigen US-amerikanischen Beratungsfirma – ein Bündnis mit der kleinen Sozial-Liberalen Partei des Dražen Budiša geschlossen, die sonst kaum die Fünf-Prozent-Hürde schaffen würde. Die Berater des Sozialistenchefs haben offenbar erkannt, dass Dražen Budiša auf eine „Dissidentenvergangenheit" zurückblickt. Budiša war nämlich in der Kommunisten-Ära viereinhalb Jahre als Polit-Häftling im Gefängnis gewesen, also eignet er sich sehr gut als „Feigenblatt". Er könnte jene Wähler gewinnen, die sich durch die Vergangenheit eines Ivica Račan als KP-Sekretär gestört fühlen könnten. Auf der anderen Seite würde Budiša möglicherweise auch nichtlinke Stimmen oder gar jene der nationalistisch eingestellten Wähler einfangen, was für den ambitionierten Račan von unschätzbarem Wert sein könnte.

Ob es nach dem Wahlsieg der Opposition auch tatsächlich eine spürbare politische Veränderung geben wird, ist freilich fraglich. Denn Präsident Franjo Tudjman ist 1997 wieder gewählt worden und bleibt bis 2002 im Amt. Das bedeutet, dass im Fall eines Wahlsiegs der Opposition diese mit Tudjman in „Kohabitation" regieren müsste – ein schwieriges Unterfangen, verleiht das halbpräsidiale System doch dem Staatspräsidenten sehr große Machtbefugnisse.

Der gesamte politische Apparat Tudjmans ist das Ergebnis einer Personalpolitik, die seine Handschrift trägt. Diese Personalpolitik beruht auf dem Prinzip der „Versöhnung" zwischen den Linken und den Rechten. Doch das entscheidende Kriterium bei Tudjmans Personalpolitik war oft nicht die berufliche Qualifikation oder das Können, sondern das richtige Parteibuch und die Folgsamkeit. Auf diese Weise sind sehr viele ehemalige Kommunisten in den Verwaltungsapparat aufgenommen worden. Sie haben lediglich das Parteibuch gewechselt. So kommt es, dass für das neue Wahlgesetz der „HDZ" jemand als verantwortlich zeichnet, der bereits in der Kommunisten-Ära die „sozialistischen" Wahlgesetze entworfen hat – und solcher Beispiele gibt es viele.

Hinzu kommt natürlich auch noch, dass die Politiker – verglichen mit der arbeitenden Bevölkerung – finanziell äußerst gut abgesichert sind. Das gilt für die regierende Partei ebenso wie für die im Parlament vertretenen oppositionellen Parteien. Ein Parlamentsabgeordneter verdient zwischen 35.000 und 40.000 Schilling, was für kroatische Verhältnisse sehr viel ist. Außerdem sind die Politiker mit Privilegien, zum Beispiel teuren Dienstautos, ausgestattet. Das gilt für die regierende Partei genauso wie für die Opposition. In der Öffentlichkeit benehmen sie sich oft arrogant und aufgeblasen, zeigen auf der anderen Seite aber kaum Kreativität oder Eigeninitiative. Die Außenpolitiker beispielsweise scheinen den komplizierten Anforderungen, die von der EU oder der Uno an Agram gestellt werden, kaum gewachsen zu sein. Im Allgemeinen tendieren kroatische Politiker dazu, wenn es um die internationalen Verpflichtungen wie die Achtung der Medienfreiheit oder Minderheitenrechte geht, etwas rasch zu versprechen oder zu unterschreiben. Meistens hapert es dann bei der Erfüllung, was wiederum die Glaubwürdigkeit und das Image des jungen Staates stark beeinträchtigt.

Auf der anderen Seite ist die Wirtschaft äußerst ineffizient, träge und zeigt sich den marktwirtschaftlichen Anforderungen der westlichen Wettbewerbsverhältnisse nicht gewachsen. Kroatiens Exporte erreichen kaum die Vier-Milliarden-Dollar-Grenze. Verglichen mit erfolgreichen Nachbarstaaten wie Slowenien und Ungarn, die in derselben Übergangsphase sind, ist das äußerst bescheiden. Rund 40 Prozent der Wirtschaftsunternehmen – meistens handelte es sich um kleinere Firmen – sind in den vergangenen sieben Jahren privatisiert worden. Dabei war es zu Bereicherung (oft gekoppelt mit der politischen Macht!) und zu Veruntreuungen gekommen.

Die Folgen des vierjährigen Krieges machen sich insbesondere beim Fremdenverkehr bemerkbar, der heuer wegen des Kosovo-Krieges um 14 Prozent zurückgegangen ist. Unklare Eigentumsverhältnisse sowie die Tatsache, dass in vielen Hotels jahrelang Flüchtlinge untergebracht worden waren, haben das Fehlen von Investitionen und eine relativ schlechte Hotelqualität zur Folge.

Die Beobachter, insbesondere im Ausland, setzen in die Parlamentswahlen – und in die politische Wende, die danach folgen sollte – viel zu hohe Erwartungen. Ganz sicher wird die regierende „HDZ" weniger Stimmen als bisher bekommen, und die oppositionellen Parteien, vor allem die Reformkommunisten, werden erhebliche Gewinne erzielen. Ob sie die regierende „HDZ" ablösen werden, ist fraglich. Wahrscheinlich wird die „HDZ" jedoch die relativ stärkste Partei bleiben – schon aufgrund des überall auftretenden „Klientilismus". Der Staat ist der größte Arbeitgeber, und die gegenseitigen Abhängigkeiten sind allgegenwärtig.

Doch die wichtigste Frage, die sich jetzt stellt, lautet: Wie geht es überhaupt weiter mit den neun Balkanstaaten? Der Kosovo-Krieg hatte verheerende Folgen für die gesamte Region. Die Flüchtlingsströme haben die Region destabilisiert. Auch nach dem Kosovo-Krieg stellen die Flüchtlinge eine direkte Gefahr für die beiden „Frontstaaten" Albanien und Mazedonien dar. In Albanien sind die staatlichen Insititutionen, besonders im Norden, wo die meisten Kosovo-Flüchtlinge ankamen, schon seit den bügerkriegsähnlichen Unruhen im Jahr 1997 total lahmgelegt. Das Land ist ausschließlich auf internationale Hilfe angewiesen. Auch Mazedonien kann die Last der Flüchtlinge nicht mehr allein tragen: Hier wurde durch die vertriebenen Kosovo-Albaner das empfindliche ethnische Gleichgewicht ins Wanken gebracht. Die neue liberal-konservative Regierung unter der Leitung der „VMRO"-Partei ist unter starken Druck geraten. Eine antialbanische Stimmung macht sich breit. Die proserbischen Kräfte sind in Mazedonien stärker geworden. Mittel- und langfristige Schäden sind enorm: Sie reichen von der Zuspitzung der wirtschaftlichen Misere bis hin zum Anwachsen der organisierten Kriminalität. Das heutige Nachkriegskosovo, wo rivalisierende Mafiaorganisationen um „Einflusszonen" kämpfen, ist ein Beispiel dafür.

Die Wachstumseinbußen sind mit 50 Prozent in der Bundesrepublik Jugoslawien am größten. Das seit geraumer Zeit dahinvegetierende Bosnien muss einen achtprozentigen Rückgang seines Bruttoinlandsprodukts befürchten, auch Mazedonien und Bulgarien müssen mit schweren Einbrüchen ihrer Volkswirtschaften rechnen.

Bisher waren Westeuropa und die USA nicht im Stande zu erkennen, dass die seit 1991 tobenden Balkankriege historische Wurzeln haben. Was für Westeuropa schon lange Normalität bedeutet – die Ausbildung von Nationen und Nationalstaaten –, wurde auf dem Balkan erst sehr spät verwirklicht. Hinzu kam der zeitliche Zusammenfall mit dem Übergang zu Marktwirtschaft und Demokratie. Ein zweites Motiv für das Chaos in der Region geht ganz direkt auf das Konto Europas. Professor Emil Mintschev vom Bonner Zentrum für Europäische Integrationsforschung schrieb in der Zeitschrift „Internationale Politik" über die Unfähigkeit der Welt, die Balkankriege historisch richtig zu interpretieren: „Die Weltgemeinschaft war nicht im Stande, hinter den örtlich begrenzten Ausbrüchen die Symptome einer abnormalen Entwicklung auf Grund der verweigerten europäische Perspektive zu erkennen."

Genau diese europäische Perspektive sollte der Stabilitätspakt den Balkanstaaten bieten. Seine Botschaft lautet: Arbeitet zusammen, und jeder Staat wird auf Grund seiner Leistung in den Bereichen Wirtschaft und Demokratie separat beurteilt und seinen Weg in die EU antreten. Bietet der Stabilitätspakt den neuen Balkanstaaten tatsächlich diese Beitrittsperspektive für die EU oder kommt er zu spät?

29 Staats- und Regierungschefs sowie Vertreter von 17 internationalen Organisationen waren an jenem 30. Juli 1999 in der bosnischen Hauptstadt zusammengekommen, um das Startsignal für den im Juni vereinbarten „Stabilitätspakt für Südosteuropa" zu geben. Jugoslawien wurde nicht eingeladen, die serbische Presse bezeichnete den Balkanpakt denn auch als „Pakt der Instabilität". Serbien, so wurde beschlossen, wird von finanzieller Hilfe ausgeschlossen, solange Slobodan Milošević dort an der Macht ist. Der russische Regierungschef Stepaschin warnte davor, das Land mit der zweithöchsten Bevölkerungszahl in der Region von der wirtschaftlichen Hilfe auszuschließen.

Der Stabilitätspakt umfasst Länder mit äußerst unterschiedlichem Entwicklungs- und Lohnniveau. Auf der einen Seite stehen Ungarn, Slowenien und Kroatien, auf der anderen Bulgarien, Albanien oder Mazedonien: Der Lohnunterschied zwischen Kroatien und der Bundesrepublik Jugoslawien etwa beträgt 1:10. Der führende kroatische Gewerkschafter Kresimir Šever befürchtet, dass die kroatischen Arbeitgeber, vor allem die Bauunternehmer, jetzt vor dem Dilemma stehen könnten: „Entweder exportieren wir unsere Geschäfte in die Billiglohnländer des Balkans oder wir importieren Gastarbeiter aus der Bundesrepublik Jugoslawien, aus Albanien, Rumänien."

„Nach der Unterzeichnung des Stabilitätspakts könnten die kroatischen Unternehmer in Versuchung kommen, ihren ‚Fernen Osten' auf dem Balkan zu suchen", befürchtet Kresimir Šever und erläutert: „In Kroatien werden die zweithöchsten Löhne in den postkommunistischen Staaten ausbezahlt. Die Unternehmer stöhnen schon und halten Ausschau nach Billiglohnländern." Alles hängt davon ab, wie rasch die gesamte Region in die EU integriert werden kann. „Wenn wir warten müssen, dass Länder wie Rumänien, Albanien, Bulgarien oder die Bundesrepublik Jugoslawien das kroatische Niveau erreichen, um dann gemeinsam in die EU eintreten zu können, dann können wir lange warten", argumentiert der Gewerkschafter und fügt hinzu: „Es müssen rasch Mechanismen geschaffen werden, die den Arbeitsmarkt in Ungarn, Kroatien oder Slowenien schützen, sonst wird der Arbeitsmarkt in diesen Staaten unter dem Ansturm der Billiglohnkräfte zusammenbrechen." Doch Schutzmechanismen kann man nur dann errichten, wenn es klare Perspektiven eines EU-Beitritts gibt.

Es gibt jedoch auch andere Befürchtungen. Man gewinnt den Eindruck, dass der Stabilitätspakt kreiert wurde, um die Balkanstaaten und ihre historischen Antagonismen von der Europäischen Union fernzuhalten. In Slowenien und Kroatien geht die Angst um, hinter dem Stabilitätspakt stünde nicht Deutschland, sondern stünden die USA und deren Interessen. Europareife Länder wie Ungarn und Slowenien beispielsweise sind praktisch gezwungen worden, dem Balkanpakt beizutreten. Auf der anderen Seite ist offenbar die Sozialistische Internationale mit der „ideologischen Betreuung" des Pakts beauftragt worden. Die slowenischen Zeitungen befürchten, dass die Südoststaaten jetzt ideologisch und kulturell auf Europareife „getrimmt" werden. Der außenpolitische Sprecher der SPD im Bundestag, Wolfgang Brückmann, betitelte sogar seine Studie mit „Der Balkan darf nicht in die EU". Er schreibt: „Mit den Balkanstaaten ergibt sich für die EU eine Zukunft mit 30 Mitgliedsstaaten. Schon heute zeigt sich in einer EU der 15, wie schwer Fortschritte in der Vertiefung der Integration zu erreichen sind. Es besteht die hohe Wahrscheinlichkeit, dass in einer derart aufgeblasenen EU die Integration nicht nur zum Stillstand kommt, sondern sich eher zurückentwickeln würde." Der Autor fährt fort: „Sollte es anders kommen und die Länder des Balkans wider alle europapolitische Vernunft in die EU aufgenommen werden, besteht die Gefahr, dass sich bereits überwunden geglaubte Verhängnisse europäischer Geschichte wiederholen: Bei rückläufiger Integration träten Machtdifferenzen, die bislang in der EU integrativ verarbeitet werden, erneut hervor. Allianzen und Gegenallianzen wären die Folge. Deshalb wird die EU die Staaten Südosteuropas letztlich nicht aufnehmen." Natürlich ist die Studie des außenpolitischen Sprechers der SPD die Meinung eines einzelnen Autors und nicht mehr. Trotzdem verdient sie, zitiert zu werden. Schließlich geht es um die Beitrittsperspektiven der Balkanstaaten, also um den springenden Punkt in der künftigen Entwicklung dieser ruhelosen Region.

Albanien

ECKDATEN: 3,3 Millionen Einwohner auf 28.748 Quadratkilometer Fläche. Regierungschef: Pandeli Majko, Staatspräsident: Rexhep Meidani, Währung: Lek

GESCHICHTE: Albanien befreite sich erst spät von der KP-Herrschaft, die Enver Hoxha seit 1944 aufgebaut hatte. Nach dem Tod des KP-Chefs 1985 begann Ramiz Alia mit Reformen. 1990 erste Massenflucht nach Italien, Zulassung von Oppositionsparteien. Bei den ersten freien Wahlen 1991 gewinnt die KP noch einmal. Ein Jahr später siegt Salih Berishas Demokratische Partei. Der Skandal um Pyramidenspiele löst 1997 eine weitere Fluchtwelle aus. Der Kosovo-Konflikt machte Albanien selbst zum Zielland für Flüchtlinge.

Mazedonien

ECKDATEN: Zwei Millionen Einwohner auf 25.713 Quadratkilometer Fläche. Offizieller Name: Frühere Jugoslawische Republik Mazedonien. Regierungschef: Kiro Gligorov (SDSM), Ministerpräsident: Ljubčo Georgievski (VMRO-DPMNE), Währung: Mazedonischer Denar

GESCHICHTE: 1989 entstehen neue Parteien neben der regierenden KP. Bei den ersten freien Wahlen 1990 schlägt die Demokratische Partei die Reformkommunisten. Völkerrechtliche Anerkennung scheitert am Veto Griechenlands, das befürchtet, die Nachbarn könnten aus dem Staatsnamen Ansprüche auf das griechische Mazedonien ableiten. 1993 nach Namenskompromiss Uno-Aufnahme. 1995 Unruhen nach Verbot einer albanischen Hochschule in Tetowo.

Bulgarien

ECKDATEN: 8,3 Millionen Einwohner auf 110.994 Quadratkilometer Fläche. Staatspräsident: Petar Stojanow, Ministerpräsident: Iwan Kostow, Währung: Lew

GESCHICHTE: Bulgarien beginnt die Wende mit der Rücknahme von Maßnahmen gegen die im Land lebende türkische Minderheit, die Todor Schiwkow ab dem Frühjahr 1989 lanciert hatte. Schon 1990 Haftbefehl gegen Schiwkow. Bei den ersten freien Wahlen im Juni gewinnt noch die umgewandelte KP. 1991, nach einer Verfassungsreform, knapper Sieg der Opposition. 1994 Schiwkow zu sieben Jahren Gefängnis verurteilt. Im selben Jahr Sieg der Ex-Kommunisten. Beitritt Bulgariens zur „Partnerschaft für den Frieden".

Rumänien

ECKDATEN: 22,4 Millionen Einwohner auf 238.391 Quadratkilometer Fläche. Staatspräsident: Emil Constantinescu, Regierungschef: Radu Vasile (beide Christdemokratische Bauernpartei), Währung: Lei.

GESCHICHTE: Am 24. 11. 1989 wird Nicolae Ceauşescu einstimmig zum Parteichef wiedergewählt. Am 22. 12. 1989 stürzt er nach Unruhen im Gefolge der drohenden Deportation eines regimekritischen reformierten Pastors.

Mai 1990 klarer Sieg der Rettungsfront. 1993 Assoziationsabkommen mit der EU. Wiederholt Streikwellen gegen die Wirtschaftspolitik der Regierung, zuletzt eskaliert im Marsch der Bergarbeiter auf Bukarest.

Ungarn

ECKDATEN: 10,2 Millionen Einwohner auf 93.030 Quadratkilometer Fläche. Republik. Regierungschef: Viktor Orbán (Fidesz, Verband Junger Demokraten), Staatspräsident: Arpád Göncz, Währung: Forint.

GESCHICHTE: Am 6. Juli 1989 stirbt der langjährige Parteichef János Kádár. Im Sommer 1989 flüchten DDR-Bürger in die westdeutsche Botschaft in Budapest, Flüchtlingslager entstehen. Bei einem Picknick der Paneuropa-Union an der österreichisch-ungarischen Grenze erste Massen-Grenzübertritte.
Am 11. September öffnet Ungarn die Grenze für DDR-Bürger und beschleunigt damit den Zusammenbruch der DDR.
Ende Oktober wird der umkämpfte Kraftwerksbau Nagymaros eingestellt.
1994 Unterzeichnung des Vertrages „Partnerschaft für den Frieden" mit der Nato.

Kroatien

ECKDATEN: 4,7 Millionen Einwohner auf 56.538 Quadratkilometer Fläche.
Staatspräsident: Franjo Tudjman (HDZ), Ministerpräsident: Zlatko Matesa (HDZ),
Währung: Kuna.

GESCHICHTE: Im April 1990 erste Mehrparteienwahl, Sieg der Kroatischen Demokratischen Gemeinschaft HDZ, erste Unruhen der Serben. Mai 1991 Referendum über die Unabhängigkeit, 94 Prozent Ja-Stimmen. 25. 6. 1991 Unabhängigkeitserklärung Kroatiens und Sloweniens. August 1991 Beginn des Krieges mit der Besetzung serbisch besiedelter Gebiete Kroatiens.
15. 1. 1992 Anerkennung Kroatiens durch die Europäische Union. 1995 Rückeroberung der Krajina und Westslawoniens durch die kroatische Armee. 120.000 Serben fliehen.
14. 12. 1995 Daytoner Abkommen.
1996 gegenseitige Anerkennung Restjugoslawiens und Kroatiens.

Bosnien-Herzegowina

ECKDATEN: 1,9 Millionen Muslime, 1,3 Millionen Serben und 760.852 Kroaten zählte man 1991, neue Erhebungen fehlen. Föderative Republik mit zwei Entitäten: Föderation Bosnien und Herzegowina (FBiH) auf 51 Prozent der Fläche, Serbische Republik auf 49 Prozent der Fläche von 26.076 Quadratkilometer. Gesamtbevölkerung 4,4 Millionen.

GESCHICHTE: 1984 Olympische Spiele in Sarajevo, 1990 gründet Alija Izetbegović die Partei der Demokratischen Aktion, eine muslimische, antikommunistische Gruppierung. Wahlen von 1990 erbringen etwa proportionale Stärke der drei Ethnien. Februar 1992 Abstimmung über Unabhängigkeit ohne Serben.
April 1992 Anerkennung der Unabhängigkeit durch EG und USA.
15. 7. 1992: Bosnische Serben besetzen das unter Uno-Protektion stehende Srebrenica. 40.000 Muslime vertrieben oder ermordet. 9. 11. 1992 Zerstörung der alten Brücke Mostars. 14. 12. 1995 Unterzeichnung des Abkommens von Dayton, das den Status Bosniens regelt.

Die Deutsche Bibliothek – CIP-Einheitsaufnahme

Götz, Thomas:
Nachbarn des Krieges / Thomas Götz ; Marco Longari.
Mit einem Essay von Alexander Orssich. – Graz ; Wien ; Köln ; Verl. Styria, 1999
ISBN 3-222-13012-4

Repro und Druck: Medienfabrik Graz
Die Fotos wurden vom Studio Evangelisti e Corvaglia, Rom, ausgearbeitet
Layoutentwurf: Lukas Kircher
Grafische Gestaltung: Silke Ulrich
Korrektur: Josef Majcen
ISBN: 3-222-13012-4

Minarett und Kirchturm in Sarajevo